故国雄风

秀甲南疆

国家出版基金项目

"十四五"国家重点图书出版规划项目

中国语言文化典藏系列　组委会

主　任

田学军

执行主任

田立新

成　员

宋　全　杨　芳　刘　利　郭广生　顾　青
张浩明　周晓梅　刘　宏　王　锋　余桂林

中国语言资源保护工程

中国语言文化典藏系列　编委会

主　编

曹志耘　王莉宁　李锦芳

委员（音序）

郭　浩　何　瑛　黄成龙　黄拾全　李云兵
刘晓海　苗东霞　沈丹萍　王　锋　严修鸿
杨慧君　周国炎　朱俊玄

曹志耘 王莉宁 李锦芳 主编

中国语言文化典藏·大理白语

赵燕珍 杨晓霞 著

商务印书馆
The Commercial Press
SINCE 1897

序

随着现代化、城镇化的快速发展，我国的语言方言正在迅速发生变化，而与地域文化相关的语言方言现象可能是其中变化最剧烈的一部分。也许我们还会用方言说"你、我、他"，但已无法说出婚丧嫁娶各个环节的方言名称了。也许我们还会用方言数数，但已说不全"一腑穷，两腑富……"这儿句俗语了。至于那些世代相传的山歌、引人入胜的民间故事，更是早已从人们的生活中销声匿迹。而它们无疑是语言方言的重要成分，更是地域文化的精华。遗憾的是，长期以来，我们习惯于拿着字表、词表去调查方言，习惯于编同音字汇、编方言词典，而那些丰富生动的方言文化现象往往被忽略了。

2017年，中共中央办公厅、国务院办公厅《关于实施中华优秀传统文化传承发展工程的意见》首次提出"保护传承方言文化"。2020年，国务院办公厅《关于全面加强新时代语言文字工作的意见》明确提出"科学保护方言和少数民族语言文字"。语言方言及其文化的保护传承写进党和政府的重要文件，具有重要的历史意义。党中央、国务院的号召无疑是今后一个时期内，我国语言文字工作领域和语言学界、方言学界的重要使命，需要我们严肃对待，认真落实。

中国语言资源保护工程于2015年启动，已于2019年顺利完成第一期建设任务。针对我国传统语言方言文化现象快速消失的严峻形势，语保工程专门设了102个语言文化调查点（包括25个少数民族语言文化点和77个汉语方言文化点），按照统一规范对语言方言文化现象开展实地调查和音像摄录工作。

为了顺利开展这项工作，我们专门编写出版了《中国方言文化典藏调查手册》（商务印书馆，2015年）。手册制定了调查、语料整理、图册编写、音像加工、资料提交各个阶段的工作规范；并编写了专用调查表，具体分为9个大类：房屋建筑、日常用具、服饰、饮食、农工百艺、日常活动、婚育丧葬、节日、说唱表演，共800多个调查条目。

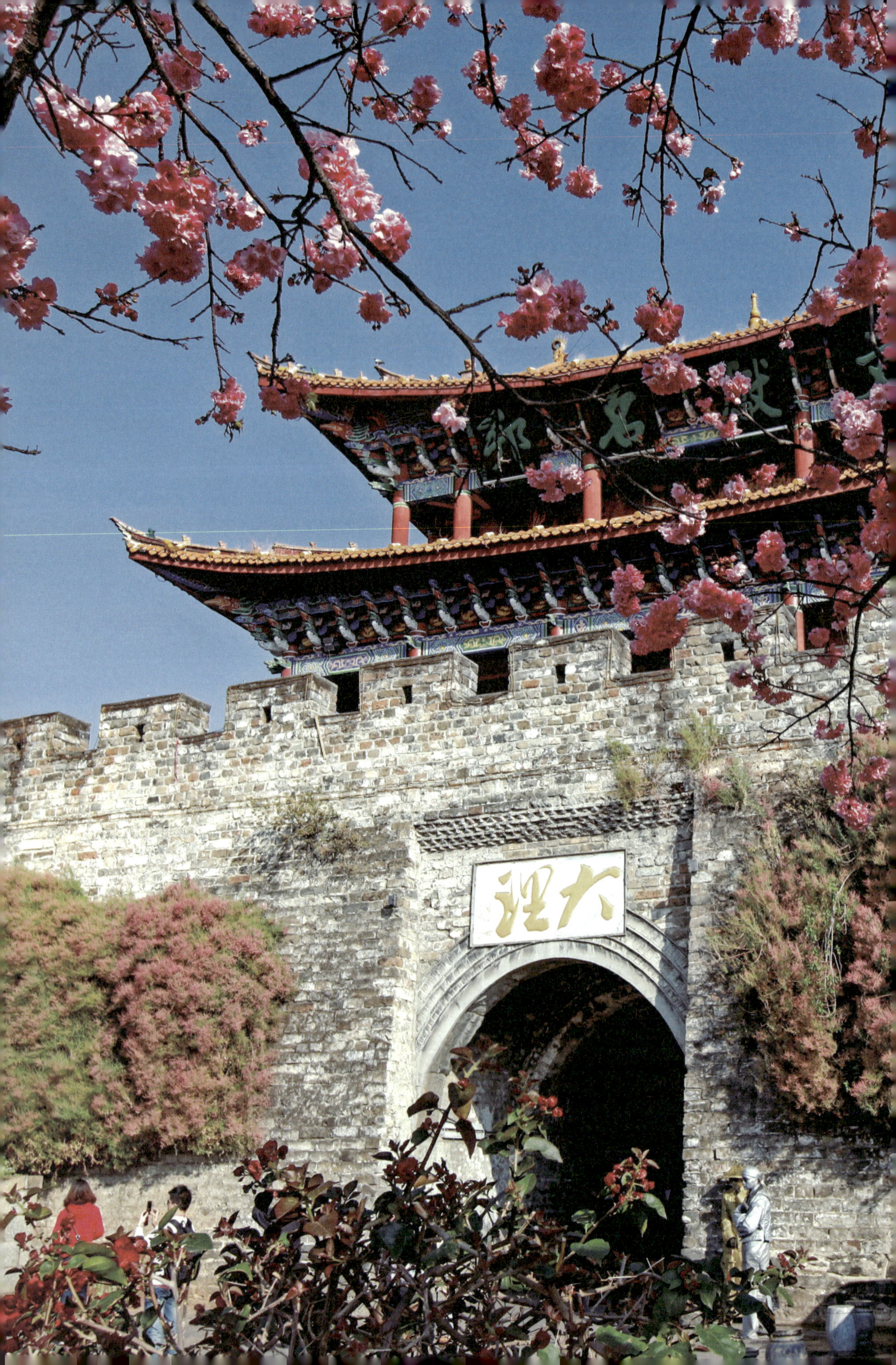
大理

调查方法采用文字和音标记录、录音、摄像、照相等多种手段。除了传统的记音方法以外，还采用先进的录音设备和录音软件，对所有调查条目的说法进行录音。采用高清摄像机，与录音同步进行摄像；此外，对部分语言方言文化现象本身（例如婚礼、丧礼、春节、元宵节、民歌、曲艺、戏剧等）进行摄像。采用高像素专业相机，对所有调查条目的实物或活动进行拍照。

这项开创性的调查工作获得了大量前所未有的第一手材料。为了更好地保存利用这批珍贵材料，推出语保工程标志性成果，在教育部语言文字信息管理司的领导下，在商务印书馆的鼎力支持下，在各位作者、编委、主编、编辑和设计人员的共同努力下，我们组织编写了《中国语言文化典藏》系列丛书。经过多年的努力，现已完成50卷典藏书稿，其中少数民族语言文化典藏13卷，汉语方言文化典藏37卷。丛书以调查点为单位，以调查条目为纲，收录语言方言文化图片及其名称、读音、解说，以图带文，一图一文，图文并茂，EP同步。每卷收图600幅左右。

我们所说的"方言文化"是指用特殊方言形式表达的具有地方特色的文化现象，包括地方名物、民俗活动、口彩禁忌、俗语谚语、民间文艺等。"方言文化"是一个新的研究领域，需使用的调查、整理、加工方法对于我们当中很多人来说都是陌生的，要编写的图册亦无先例可循。这项工作的挑战性可想而知。

在此，我要向每一个课题的负责人和所有成员道一声感谢。为了完成调查工作，大家不畏赤日之炎、寒风之凛，肩负各种器材，奔走于城乡郊野、大街小巷，记录即将消逝的乡音，捡拾散落的文化碎片。有时为了寻找一个旧凉亭，翻山越岭几十里路；有时为了拍摄丧葬场面，与送葬亲友一同跪拜；有人因山路湿滑而摔断肋骨，住院数月；有人因贵重设备被盗而失声痛哭……。在面临各种困难的情况下，大家能够为了一个共同的使命，放下个人手头的事情，不辞辛劳，不计报酬，去做一项公益性的事业，不能不让人为之感动。

然而，眼前的道路依然崎岖而漫长。传统语言方言文化现象正在大面积地快速消逝，我们在和时间赛跑，而结果必然是时间获胜。但这不是放弃的理由。著名人类学家弗雷泽说过："一切理论都是暂时的，唯有事实的总汇才具有永久的价值。"谨与大家共勉。

曹志耘
2022年4月13日

目 录

序

引 言   1
  一 大理   2
  二 大理白语   5
  三 凡例   10

壹·房屋建筑   13
  一 住宅   16
  二 其他建筑   38
  三 建筑活动   45

贰·日常用具   51
  一 炊具   54
  二 卧具   62
  三 桌椅板凳   65
  四 其他用具   70

叁·服饰   81
  一 衣裤   84
  二 鞋帽   90
  三 首饰等   96

肆·饮食   103
  一 主食   106
  二 副食   110
  三 菜肴   120

伍·农工百艺   131
  一 农事   134
  二 农具   140
  三 手工艺   150
  四 商业   168
  五 其他行业   170

陆·日常活动	**177**
一 起居	180
二 娱乐	184
三 信奉	195
柒·婚育丧葬	**215**
一 婚事	218
二 生育	231
三 丧葬	234
捌·节日	**245**
一 春节	248
二 本主节	250
三 清明节	254
四 栽秧会	256
五 端午节	258
六 火把节	260
七 中元节	264
八 中秋节	266
九 其他节日	267

玖·说唱表演	**273**
一 口彩禁忌	274
二 顺口溜	278
三 俗语谚语	280
四 歌谣	287
五 曲艺	290
六 故事	308
调查手记	**316**
参考文献	**326**
索 引	**327**
后 记	**336**

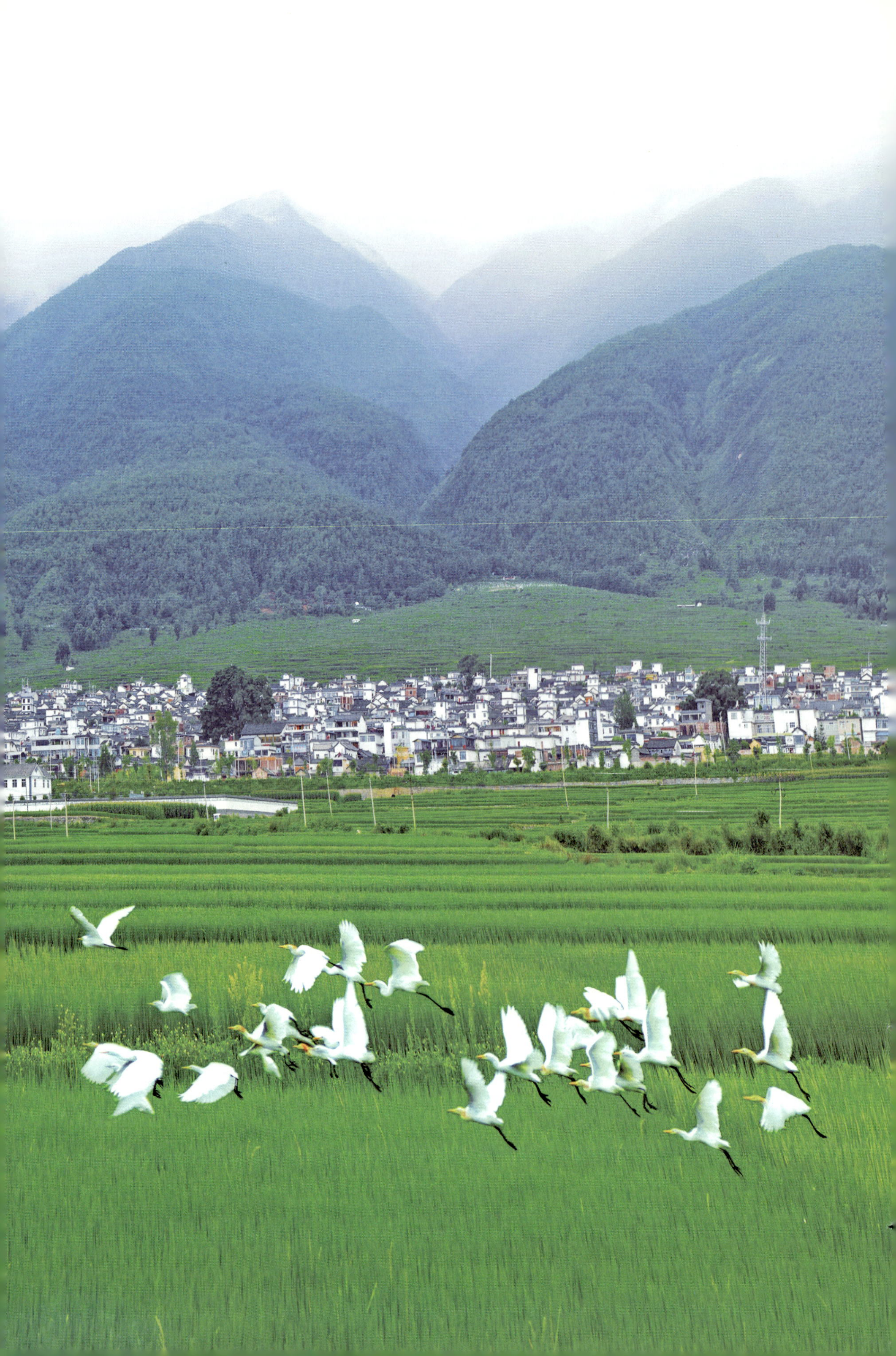

引言

一 大理

大理白族自治州位于云南省中部偏西，地处东经98°52′—101°03′，北纬24°41′—26°42′之间，东邻楚雄州，南靠普洱市、临沧市，西与保山市、怒江州相连，北接丽江市，国土总面积29 459平方千米。大理白族自治州下辖大理市和祥云、弥渡、宾川、永平、云龙、洱源、鹤庆、剑川八个县以及漾濞彝族自治县、巍山彝族回族自治县、南涧彝族自治县三个自治县。根据大理州统计局公布的第七次人口普查数据，大理白族自治州全州常住人口3 337 559人，其中白族人口107.74万人，占全州总人口的32.3%（大理市统计局提供）。

以洱海为中心的大理地区是云南文明的发祥地之一。远在新石器时代，大理就有白族、彝族等民族的祖先繁衍生息。西汉元封二年（公元前109年），汉武帝建置益州郡，此后，在大理地区设置叶榆、云南、邪龙、比苏等县，属益州郡管辖。在汉武帝统治时期，大理地区正

式纳入汉朝的疆域。唐宋时期,大理地区先后建立了"南诏国"和"大理国"等地方政权。南诏国和大理国积极主动地接受中原地区的政治制度和礼乐文化,使得大理地区的社会经济文化"与中夏同"。公元1253年,大理地区回归元朝中央政权。明代以后,由于移民屯田,大批汉族进入云南,汉文化大量传入,白族文化发展水平与中原汉族渐趋一致。在中华民族共同发展的历史长河中,以白族先民为主的大理各民族与先后进入洱海地域的汉民族共同开拓,使大理一度成为云南的政治、经济和文化中心。处在交通要道上的大理吸收了秦蜀文化、荆楚文化、江淮文化以及古越文化和印度文化等,儒、释、道在大理融汇发展。

1956年,大理白族自治州成立。大理市是大理白族自治州的县级市,也是大理州州府所在地。大理市地处东经99°58′—100°27′,北纬25°25′—25°58′之间的云贵高原与横断山脉

结合部位，地势西北高，东南低，地形地貌复杂多样。西部的苍山多陡崖和河谷，东部为平缓起伏的山地丘陵地带。大理市境内的山脉主要有西部的苍山山脉和东部的五福山—青山山脉，以及南部北西走向的风流坡、大笔架山山脉。苍山属滇西横断山脉云岭余脉，东西宽约10千米，南北长50余千米，海拔在3074米—4122米之间，其中最高的马龙峰4122米，峰顶终年积雪。苍山由北向南共十九峰，每两峰之间有一条溪水，十八溪水奔泻而下，汇入平坦、开阔的洱海盆地。大理市属北亚热带高原季风气候区，四季如春，史书有"四时之气，常如初春，寒止于凉，暑止于温"的记载。由于市内地形地貌复杂，地势海拔悬殊，导致市内气候水平分布复杂，垂直差异显著，具有多样性和立体性的特点。

大理市东与宾川县、祥云县相连，南与巍山彝族回族自治县、弥渡县相邻，西接漾濞彝族自治县，北与洱源县、鹤庆县交界，土地总面积1815平方千米。大理市下辖下关、太和、满江三个街道办事处，大理、凤仪、喜洲、海东、挖色、湾桥、银桥、双廊、上关九个镇，以及太邑彝族乡，共有20个居委会、109个行政村。大理市是以白族为主的多民族聚居地区，白、汉、彝、回等为世居民族。根据第七次全国人口普查数据，全市总人口771128人，其中白族人口414765人，占全市总人口的53.8%（大理州统计局提供）。

大理市境内的汉族使用西南官话，白族普遍使用白语，也兼通汉语；彝族除使用彝语外，也兼用汉语、白语；回族多用汉语，部分与白族杂居的回族村落也以白语为母语，同时兼用汉语。

二 大理白语

（一）概述

白族自称 [pɛ⁴²tsɿ⁴⁴pɛ⁴²nɣ³³]"白子白女"、[pɛ⁴²xuo³³]"白伙"，是我国西南地区人口较多的少数民族之一。白族总人口为209.15万人（2020年第七次全国人口普查），主要聚居于云南省大理白族自治州、怒江傈僳族自治州，此外还有少量分布于丽江、保山、楚雄、玉溪、文山、昆明、安宁以及贵州毕节、贵州六盘水、湖南桑植、湖北恩施、四川凉山等地。

白族有自己的语言——白语。白语属汉藏语系藏缅语族，支属问题一直存在争议，学界曾有"混合语说""彝语支说""白语支说""汉白语族说"等多种观点。20世纪50年代，中国科学院少数民族语言调查工作队对云南省境内的43个白语点做了重点普查，并在此基础上将白语划分为北部（碧江）、中部（剑川）、南部（大理）三个方言。其中，南部方言的代表音点为大理白族自治州首府下关的白语。1993年，云南省召开"白族语言文字问题科学讨论会"，将大理市喜洲话定为白语南部方言代表音点。

（二）大理白语音系

本书中的大理白语以喜洲镇周城村为代表点。周城村是白语南部（大理）方言代表音点——喜洲镇下辖的自然村，是大理白族自治州人口最多的白族聚居村。据周城村村委会2020年年度报表统计，周城村全村2917户，总人口10 253人，其中白族人口10 024人，占总人口的97.8%。汉族和其他少数民族多因婚姻关系迁入。周城村周边主要为白族村落和以白语为母语的回族村落。白语的传承和使用较为稳定，语音面貌较好。

发音人基本情况：杨彪，男，1950年生，大理市喜洲镇周城村人，初中文化程度，一直生活、工作在周城村。日常生活都使用白语，与不会说白语的人交流均使用汉语方言。

1. 声母（24个）

p	pʰ	m	f	v	w
t	tʰ	n	l		
ts	tsʰ	s	z		
tɕ	tɕʰ	ȵ	ɕ	ʑ	
k	kʰ	ŋ	x	ɣ	

声母例词

p	pa⁴⁴	大碗	pɔ³¹	他 主格、宾格	
pʰ	pʰa⁴⁴	挑出	pʰɔ³¹	破	
m	ma⁴⁴	稻草	mɔ³³	母亲	
f	fa⁴⁴	方形	fe⁴⁴	非常	
v	va³⁵	袜（子）	vɯ⁴²	蚊（帐）	
w	wa⁴⁴	月	wa⁴²	挖	
t	ta⁵⁵	姐姐	tɔ³¹	大	
tʰ	tʰa⁴⁴	盖（被子）	tʰɔ³¹	痰	
n	na⁴⁴	纳（鞋底）	nɔ³¹	你 主格、宾格	
l	la⁴⁴	腊（肉）	lɔ²¹	老虎	
ts	tsa⁴⁴	推算	tsɔ³³	是（应答）	
tsʰ	tsʰa⁵⁵	唱	tsʰɔ⁴²	潮湿	
s	sa⁴⁴	撒（种）	sɔ³¹	笑	
z	za³¹	让	zɔ⁴⁴	绕	
tɕ	tɕa⁴⁴	节日	tɕɔ³¹	搅	
tɕʰ	tɕʰa⁴⁴	贴	tɕʰɔ³¹	挑选	
ȵ	ȵa⁴⁴	亮	ȵɔ³²	炖	
ɕ	ɕa⁴⁴	杀	ɕɔ³⁵	闩	
ʑ	ʑa⁴⁴	按压	ʑɔ³³	疮	
k	ka³²	撺	kɔ²¹	海	
kʰ	kʰa⁴⁴	渴	kʰɔ³¹	沟	
ŋ	ŋa⁴⁴	咬	ŋɔ³¹	我 主格、宾格	
x	xa⁴⁴	扒（饭）	xɔ³¹	晒	
ɣ	ɣɯ⁴⁴	骂	ɣɯ⁴²	学	

2. 韵母（20个）

ɿ　i　e　ɛ　a　ɔ　o　u　ɯ　y　ɣ
iɛ　ia　io　iɔ　iɯ　ua　ue　uɛ　uo

韵母例词

ɿ	zɿ²¹	神	tsɿ³³	酒
i	pi³⁵	盐	ti⁴⁴	小气
e	pe³⁵	跛	tse⁴⁴	（一）节
ɛ	pɛ³⁵	裂开	tsɛ⁴⁴	窄
a	pa³⁵	（一）帮	tsa⁴⁴	推算
ɔ	pɔ³⁵	丈夫	tsɔ³²	灶
o	to³⁵	惹	tso⁴⁴	砍
u	pu³¹	（一）步	tsu³⁵	（鞋）挤
ɯ	pɯ³³	斧头	tsɯ⁴⁴	织
y	ɕy³³	水	tɕy⁴⁴	醉
ɣ	tɣ³⁵	东	kɣ⁴⁴	角
iɛ	piɛ⁴⁴	问	miɛ³²	命
ia	pia⁴⁴	端	mia⁴⁴	淋
io	mio³²	直	pʰio⁴⁴	拂
iɔ	piɔ³³	不是	miɔ⁴²	（一）棵（苗）
iɯ	piɯ³³	饼	tiɯ⁵⁵	定
ua	kua³⁵	裤子	tsua⁴⁴	皱
ue	kue³²	不见	tsue⁴⁴	挤（奶）
uɛ	kuɛ³⁵	勾住	tsʰuɛ⁴⁴	（一）本（书）
uo	kuo³⁵	长（大）	suo⁴⁴	推移

3. 声调（8个）

调值	例词						
55	kɛ⁵⁵	今（天）	pa⁵⁵	他们	tɕi⁵⁵(ɕo³³)	多少
44	kɛ⁴⁴	捉	pa⁴⁴	大碗	tɕi⁴⁴	蚂蟥
33	kɛ³³	铜	pa³³	泡沫	tɕi³³	拉
42	kɛ⁴²	剪	pa⁴²	奶	tɕi⁴²	侄子
32	kɛ³²	镜子	pa³²	豹子	tɕi³²	箭
31	kɛ³¹	（一）块	pa³¹	拌	tɕi³¹	田地
21	kɛ²¹	肉	pa²¹	盆	tɕi²¹	镯
35	kɛ³⁵	怕	pa³⁵	（一）帮	tɕi³⁵	多

4. 音变

（1）连读音变

周城白语连读音变较少，主要是一些动词、名词受相邻音节影响而产生的元音或声调变化。如：

me²¹ mɯ⁵⁵ ⟶ mɯ²¹ mɯ³⁵   tɯ²¹ ma²¹ ⟶ tɯ²¹ ma³⁵

门 处所　门口　　　　　　　　　头 毛　　头发

（2）合字音变

部分音节与后一音节拼合，产生合音。如：

xɯ⁵⁵ lɔ³² ⟶ xɔ⁵⁵   tɯ³¹ ʐa³³ ⟶ tɕa³³/na³³

（体助）了　　　　　　　这　样

三 凡例

（一）记音依据

本书记音以大理市喜洲镇周城村老年人的语言为准。

（二）图片来源

本书收录大理白语文化图片共计600余幅。主要是在大理市境内的周城村、喜洲镇、海东等地拍摄的。

图片拍摄者主要为作者，部分照片由施作模、杨士斌、杨继培、黄京、王帮旭、杨建伟、张云霞、杨雪、陈萍、彭晓侠、赵福坤等提供。

（三）内容分类

本书所收大理白语文化条目按内容分为9大类39小类：
(1) 房屋建筑：住宅、其他建筑、建筑活动
(2) 日常用具：炊具、卧具、桌椅板凳、其他用具
(3) 服饰：衣裤、鞋帽、首饰等
(4) 饮食：主食、副食、菜肴
(5) 农工百艺：农事、农具、手工艺、商业、其他行业
(6) 日常活动：起居、娱乐、信奉

（7）婚育丧葬：婚事、生育、丧葬

（8）节日：春节、本主节、清明节、栽秧会、端午节、火把节、中元节、中秋节、其他节日

（9）说唱表演：口彩禁忌、顺口溜、俗语谚语、歌谣、曲艺、故事

如果某个条目可归多个大类，原则上归入特殊的类。例如 [kɛ^{32}mi^{32}]"镜子（照妖镜）"当地认为有辟邪功能，新娘出嫁时戴在身上，故本书归入婚育丧葬。为了阅读方便，把一些关系特别密切的条目（图片）放在一起，例如把"犁"放在农事类"犁田"的后面（而未放入农具类）。

（四）体例

（1）每个大类开头先用一段短文对本类方言文化现象做一个概括性的介绍。

（2）除"说唱表演"外，每个条目均包括图片、白语词、正文三部分。"说唱表演"不收图片，体例上也与其他部分有所不同，具体情况参看"玖 说唱表演"。

（3）各图单独、连续编号，例如"1-1"，短横前面的数字表示大类，短横后面的数字是该大类内部图片的顺序号。图号后面注拍摄地点（一般为村级名称）。图号和地名之间用"◆"隔开，例如"1-1◆周城"。

（4）正文中出现的白语词用引号标出，并在一节里首次出现时标注国际音标，对白语词的注释用小字随文夹注；在一节里除首次出现时外，不注音释义，只加引号。

（5）白语词标注实际读音，如有变调等现象，一律按照实际读音标注，主要音变规律可参看本书"引言二 （二）大理白语音系"。

紫氣東來

壹·房屋建筑

大理白族聚居于云南省西北部，纵穿滇西北的横断山脉呈南北走向，故民居一般多依地形地势，背山而建，普遍呈东西朝向，讲究主房后需有 [kʰɔ⁵⁵kɯ³³] "倚靠"。洱海西面的民居建筑受地形和气候的影响，主房大多坐西朝东，西靠苍山，东临洱海，这样既保证了院子和主房的采光和视野，也避免了常年主导的西风或西南风的直接吹袭。

大理白族地区的传统民居常以 [fa³⁵] "栋、幢"作为建筑单位，一般译写作汉字"坊"。不论正房、厢房，一栋三开间两层的建筑都可称为"一坊"。房屋底层带有较深的檐廊。白族民居房屋地形以方正为佳。建筑组合的基本形式是"三坊一照壁"（三合院）和"四合五天井"（四合院）。除此之外，旧时的大户人家还建有繁复的"六合同春"（"三坊一照壁"和"四合五天井"两种形式的组合）、"走马转角楼"（楼层的厦廊或吊柱楼廊相互连接起来）等形式。人口较少的家庭，也可建为正房、厢房与耳房组合的较为简洁的形式。常见的是"两坊一耳"（一栋正房、一栋厢房，正房与厢房夹角处建一耳房）、"一坊两耳"（一栋正房，两侧各建一耳房）、"一坊一耳"（一栋正房，一侧建一耳房）等。

大理白族民居的艺术处理，主要体现在大门、照壁、墙面、木雕等几个方面。大门的屋面、照壁、墙面常以彩画和泥塑花草装饰。讲究"青瓦白墙淡墨画"，屋顶青瓦铺就，外墙整体为白色，墙壁、大门、照壁等处多加以淡墨彩画花草、动物、山水及题写唐诗、宋词等，房间使用木制雕花门窗隔断，院内种植四季花草，整体风格古朴清雅。

白族民居建筑具有良好的防风抗震性。为了适应大理地区常年风大、地震频发的特点，白族建筑工匠们匠心独运，深挖基槽，选大石做基石，以形状不规则的石头为石脚，打土墙时放入几根长长的小青竹增加整堵墙壁的牵拉联合。屋架全用大柱子、横梁相连的严密的榫卯结构，纵横交错，环环相扣。

现今的新式住房大多建为砖混结构的小楼，但房顶仍铺青瓦，并装饰起翘，山墙也多保留彩画装饰。传统建筑活动中的动土、开光、祭梁、上梁、合龙口等仪式仍以变通的方式举行。

1-3 ◆喜洲（杨继培摄）

[sŋ⁵⁵xɔ³⁵tɕɛ⁴²]"四合院"

又称为[zi³⁵kʰuo⁴⁴zɯ⁵⁵]"一颗印"。与"三坊一照壁"相比，"四合五天井"不设照壁，除一栋主房外，其余三面都建有略低于主房的厢房，围成四方四正的格局。四个角都建有耳房，耳房外有一小天井，加上院子正中的大天井，整个院落一共五个天井，故汉语也称之为"四合五天井"。"四合五天井"式的住宅造价较高，大多为旧时大户人家的住宅。

[sa³³xɔ³⁵tɕɛ⁴²]"三合院"

传统白族民居中较为多见的住房结构形式。主房两侧各建一栋厢房，主房与两侧厢房交接处再各建一两层两开间的耳房，主房对面建一照壁，故汉语也称之为"三坊一照壁"。相较于四合院，白族人家更喜欢这种结构的住宅，认为四合院四面包围，结构"圆满"，满则易缺，而"三坊一照壁"式的住宅，照壁既有辟邪的作用，同时留一坊未建即留有"缺口"，其形式接近"圆满"而未满，故而更为吉利。

1-2 ◆周城（施作模摄）

1-1 ◆周城（王毅摄）

[wɛ³²xɔ³¹]"瓦房"

传统的白族民居一般依地形地势而建，格局以方正为佳。房屋为青瓦白墙的穿斗、抬梁混合结构。土木结构瓦房，一般为上下两层，下层高八尺，上层高七尺，称为"七上八下"，下层前房带檐下走廊。一坊三开间，正中为堂屋，堂屋两侧为两间侧房。主房后面讲究有[kʰɔ⁵⁵kɯ³¹]"倚靠"，故多背山面水。洱海西面地区因西靠苍山，故住宅主房一般坐西朝东。住宅的结构有"三坊一照壁""四合五天井""两坊一耳""一坊两耳""一坊一耳"等形式。房屋墙壁、大门等处多加以淡墨彩画，风格古朴清雅。

[ɕɯ⁴⁴sʅ⁵⁵xɔ³¹]"新式房"

随着时代的发展以及传统民居建筑木材的限制，现今大理地区白族一般建新式住房。房屋主体多为二至三层的砖混结构，细部保留一些传统民居的元素，如青瓦铺就的两面坡式硬山顶，屋角飞檐起翘，两层房屋外墙中上部有出檐，墙壁配以淡墨彩画，保留照壁等。

1-4 ◆周城

1-7◆周城

[kɛ³⁵tsɿ⁴⁴me²¹] "格子门"

每一坊正中的堂屋所安装的雕花木门。多取云木、红椿、楸木、云杉等名贵木材制成,一般是六扇组成,每扇格子门由两大三小五块雕花木板合制而成,上清漆保留木头原色,或上单色朱红漆。雕花图案多为寓意吉祥的花果和动物。花果植物如牡丹、莲花、松柏、兰草、梅花、石榴、柿子、灵芝、葡萄等;动物如龙、凤、麒麟、蝙蝠、孔雀、白鹭、鱼、鸡、牛、鹿等。此外还有宝瓶、如意、八仙等图案。

[pʰa⁵⁵pi³⁵] "侧房"

堂屋两侧的两个房间。侧房与堂屋平齐,开两扇门,一扇门向堂屋内侧开,一扇门向前廊开。旧时家中如果有两个儿子,则大儿子用左侧房,小儿子用右侧房。侧房一般做卧室。

1-8◆周城

1-6◆周城

[tso⁴⁴tʰa⁴²tɕʰɛ³⁵] "中堂"

堂屋正中挂的尺幅较大的卷轴，通常是新屋建成后就挂在堂屋正中，两侧配对子。常见的图案是福禄寿三星、喜鹊登梅（谐音"蹬霉"）、白鹤牡丹、牡丹公鸡（寓意"富贵根基"）等。

[tʰa⁵⁵wu³⁵] "堂屋"

民居主房的一坊三开间中，下层正中一间即为堂屋。堂屋门一般由六扇独立的雕花"格子门"组成，平日居家只开正中两扇格子门，遇红白喜事则可全部打开。堂屋正中墙上挂中堂，屋内常放置较高的案子、八仙桌、茶几、沙发等。堂屋通常是拜祭祖先与会客议事的主厅。

1-5◆周城

1-9◆喜洲

[lu⁵⁵kɔ³⁵]"耳房"

多建于正房两侧,多为两间进深,上下两层,整体高度低于正房,进深、开间、面宽亦小于正房。若住宅房屋建造两坊以上,则在主房与厢房两坊交接处建耳房,中间形成一个独立的小天井。若只建一栋主房,也可单独在主房两侧建耳房。耳房常用作厨房。

[tɔ³¹tɕɛ²¹ɕi³⁵]"大院心"

一栋房子正中围合的大天井,相对于耳房外的 [se³¹tɕʰɛ⁴⁴tɕɯ³¹] "小天井"而言,被称为 [tɔ³¹tɕɛ²¹ɕi³⁵] "大院心"。通常方正宽大,铺地考究,种有四时花草,是日常生活中重要的活动场所。平日家人喜欢聚在院中聊天晒太阳,秋收季节又是堆放和晾晒粮食的地方,遇到红白喜事,则成为宴客的场所。

1-12◆喜洲(张翰敏提供)

[se³¹tɕʰɛ⁴⁴tɕɯ³¹]"小天井"

耳房与相邻两坊外墙之间形成的小院，四合院四角都有天井。主房的两侧耳房通常一侧住人或做书房，另一侧做厨房，做厨房的耳房外的小天井中有的凿有水井，供日常做饭、洗漱用。

[se³¹kɛ³⁵tsɿ⁴⁴me²¹]"小格子门"

侧房和耳房配的雕花窗。形制上类似于"格子门"，故被称为"小格子门"。为便于通风，上方通常留出约一尺高的可活动[to⁴⁴tsʰua⁴⁴]"风窗"。"小格子门"上雕刻的图案可与普通格子门一致，也有一些只雕刻云纹、回纹、菱纹等。旧时镂空的雕花窗内侧常粘绵纸防蚊虫，现代多在外面装玻璃。格子窗采光有限，私密性较强。

1-11 ◆ 喜洲

1-10 ◆ 周城

1-15◆周城

1-17◆周城

[o⁵⁵tsa⁴²la³²mi³²tu³⁵] "檐角"

直译为"喜鹊尾"。传统民居中屋脊从中间向两边逐渐升高，尖端以大飞檐、小飞檐、瓦片等层层垫高，支撑勾头瓦当，使檐角轻盈高翘，翘起的檐角因形状像喜鹊尾巴，故称。上方会插入两根很长的铁钉，有避雷的作用。

[sa³¹tʰe⁵⁵] "厦台"

厦屋面与上层墙体之间的空隙形成的小平台。推开二楼的窗户即是厦台，因这个位置光照较好，常用于放置腌菜坛、晾晒玉米和辣椒等。

[tsɔ³²fa³⁵] "厨房"

传统民居中，常将主房一侧的耳房做厨房。厨房中常有砖砌的灶，并摆放厨柜、米缸、水缸等。灶旁的墙上往往设有灶君神位，张贴甲马纸（见图6-78）和灶王爷神像，节庆时进行祭祀。

1-13◆周城

1-14◆周城

[xɔ³¹tɯ²¹pɔ²¹]"屋顶"

传统的两层住宅中，屋顶包括[to³³xɔ³¹tɯ²¹]"上房顶"和[sa³¹pu³¹]"厦屋面"，由青瓦铺成，两面板瓦垫底，接缝处用筒瓦覆盖。洱海周边地区，常年风力较强，故民居建筑多为加高山墙的两面坡式硬山顶。屋顶中间高起的部分叫[tɕɛ⁴⁴tsɣ⁴⁴]"屋脊"。屋脊两端略起翘，似两条龙的龙尾，洱海南岸的白族地区常在屋脊正中的位置放置[lo²¹a⁵⁵mi⁵⁵]"瓦猫"（见图6-58）镇宅。

[sa³¹pu³¹]"厦屋面"

两层中间挑出的房檐，与屋顶形成重檐。厦屋面通常不与屋顶平齐，而是超出屋顶。

1-16◆周城

大理白语　壹·房屋建筑

1-22◆周城

[ku⁵⁵tu⁵⁵tɯ²¹] "勾头"

  靠近屋檐口的筒瓦顶端粘挂的圆形瓦当。勾头与檐口的筒瓦顶端相连接，与筒瓦面略垂直，面上有突起的图案装饰，常见的是莲花、"寿"字、"喜"字纹样等。勾头具有防止屋檐下的木构件受潮的作用。

1-23◆周城

[fɛ³⁵ʑe³⁵] "封檐"

  屋脊起翘使用的大块扁平长条形石片，有大封檐和小封檐。大封檐较长，常用在后檐墙上方挑出部分，小封檐稍短，常用在山墙上方挑出部分。封檐主要作用是保护檐口木材不受湿气腐蚀，延长木材使用寿命，同时也具有防火和美观的功能。

[kɛ⁵⁵tɯ²¹pɔ³³] "前檐廊"

  前房檐下的走廊。一坊两层高的建筑底层均带前檐廊。檐廊进深约七尺，从厦柱到檐柱之间的距离大约为五尺，正好是能够摆放一桌宴席的宽度。若建几坊住房，则前檐廊连接在一起可相通，即形成[tsue⁵⁵tsue⁴⁴lo⁴²] "转转楼"。因房屋一般高于院子，院子和前廊檐之间有两三级台阶相连，称之为[kɛ⁵⁵tɯ²¹tʰe⁵⁵] "台坎"。檐廊进深长，雨季可隔绝风雨，既方便日常起居，也是平日家务劳动、休闲娱乐、宴请宾客之所。

1-18◆周城

[pɛ³³wɛ³²]"板瓦"

瓦的一种，并非平板，剖面带有弧度，平面为梯形由筒型陶坯四剖或六剖制成，即弧度为圆筒的四分之一或六分之一。一般凹面向上，用作屋顶的仰瓦，两列仰瓦中间用[tsɣ²¹wɛ³²]"锄瓦"覆盖。

1-21◆周城

[sa³¹kʰu⁵⁵]"厦扣"

前檐廊两端的墙面。通常以彩画、泥塑等装饰，内容多为山水风光、花鸟瑞兽、吉祥图案等。厦扣既能隔开相邻的两坊，又具观赏性。

[tsɣ²¹wɛ³²]"锄瓦"

半圆筒形的瓦，由筒形陶坯对剖制成，前端有梯形瓦舌。锄瓦通常作为盖瓦覆盖在两列仰瓦的交界处，覆盖屋顶时，舌端朝上，凹面朝下，相互叠扣，与板瓦、瓦当相配。

1-19◆喜洲

1-20◆周城

1-27◆周城

[pʰi³¹pi³⁵tu³³] "木板墙"

　　用木板制成的房屋内部墙。传统民居内部，堂屋与两边的侧房的隔墙均为木板墙。

[tso⁴²kʰue⁵⁵wu³³] "石墙"

　　用石块砌垒而成的墙体。位于苍山山腰的一些村庄，旧时常就地取材造石墙房屋。砌垒石头时，石块和石块互相压实，中间用沙土与石灰的混合物黏合。石头建造的房子冬暖夏凉，能经风雨，加上石头本身重量大，房子更加稳固。故民间有"石头砌墙墙不倒"的说法。

1-26◆上银

[tʰu³³tsue³⁵wu³³] "土砖墙"

用土坯砖砌成的墙。土坯砖取用当地的黏土、碎稻草与水混合，用木制模具压制而成。比起夯土墙，土砖墙更节省人力，但不够坚固，故土砖墙常用来砌家畜的圈舍。

1-25◆周城

[ne²¹wu³³] "土墙"

夯土而成的墙。传统民居的后檐墙和左右山墙均是土墙。土墙一般底宽两尺，顶宽一尺六，整体形成下大上小的梯形断面，土墙内部不同高度平行放置与墙体等长的竹子作为墙筋，增强土墙的整体性和抗震性。夯墙的土一般就地取材，靠近洱海的地区，泥土中常混有螺壳。较讲究的民居，土墙外层用泥浆刮平，再涂白，最后加彩画装饰，形成粉墙画壁的特色。

1-24◆喜洲

1-31◆周城

[ʐo³⁵wɛ³²]"瓦腰"

　　山墙上方挑出的出檐。下方有彩画装饰。可以承接屋顶的滴水，保护墙体不受雨水侵蚀，同时起到装饰作用。

[tso⁴⁴pi³⁵]"照壁"

　　主房对面常建照壁，民间认为有辟邪的作用。照壁通常与院落的围墙及正门组织在一起。照壁壁身和壁顶的造型极有讲究。根据照壁与墙面形成的高低层次，可分为独脚照壁、一高一低的[lia³³ti³⁵ɕy³³tso⁴⁴pi³⁵]"两滴水照壁"和一高两低的[sa³³ti³⁵ɕy³³tso⁴⁴pi³⁵]"三滴水照壁"三种。较讲究的民居通常采用三滴水照壁。横向由石基脚、粉饰墙面及瓦顶三段组成。纵向通过彩画在视线上分为三段。照壁宽度一般与正坊相等，中段高度稍低于侧房上檐，左右段壁顶与厢房披厦脊顶同高。照壁两面常画有山水、人物、花鸟，配以诗词名句等装饰。中间大框内书写遒劲大字，如"福""禄""寿""清白传家""紫气东来""世人书香"等。

1-28◆周城

1-30◆周城

[tsue³¹lu³⁵] "卷棚"

白族民居中的弧形曲面屋顶。有的两面坡式屋顶前后两坡交界处不用正脊，而做成弧形曲面，山墙尖也建为圆弧形，与岭南的锅耳墙相比，弧度要小一些，屋顶线条亦无变化。

1-32◆周城

[ɣɯ³³ʑe²¹ŋɣ̩³³pʰiɛ⁵⁵] "后檐墙"

建筑后檐的外纵墙。房屋椽架均用 [fe³⁵ʑe³⁵] "封檐" 长条形遮檐石板 与坡屋顶连接封平，是椽架不外露的封护墙。墙体上端屋檐下，常以小幅的花草、诗文等彩画装饰。民居建筑的后檐墙两边常开小窗用于通风。

[sa³⁵tɕʰa⁵⁵pʰiɛ⁵⁵] "山墙"

房屋左右两侧的外墙。白族民居多为人字形两面坡式屋顶，故山墙多为人字形。有的民居中，人字形交接处改为圆形隆起，近似较小的锅耳墙，称之为 [tsue³¹lu³⁵] "卷棚"。无论何种形状的山墙，山尖处通常有大的香草龙纹彩画或泥塑装饰。山墙外墙中上部常挑出一条 [zɔ³⁵wɛ³²] "瓦腰"，下方亦有彩画。

1-29◆周城

1-34◆下关

[tɔ³¹kɛ³²me²¹] "大门"

　　进入院落的门。大门忌正对堂屋,故常置于院墙的一侧,正房面东的一般开在东北角,正房南向的一般开在东南角。有的和照壁相接。大门一般为门楼式,顶部飞檐起翘,用彩画、泥塑等装饰,庄重华丽。按不同风貌及建造方式,常见的有一高两低的 [sa³³ti³⁵ɕy³³kɛ³²me²¹] "三滴水大门"和一高一低的 [lia³³ti³⁵ɕy³³kɛ³²me²¹] "两滴水大门"。

[tsʰɔ⁵⁵ku³⁵] "窗户"

　　专指在墙壁上开的窗户。传统的民居一般在二楼后檐墙高处开约一二尺见方的窗户通风。

[me²¹ʐa³³] "门槛"

　　门框下挨着地面的横木。有的住宅大门的门槛是石质,较讲究的两侧还有石狮。白族忌踏、坐门槛。

1-38◆周城　　　　　　　　　　　　1-36◆周城

1-37◆周城

[me²¹tɯ³⁵tsɿ³³] "门墩"

大门外侧的石头门柱下面的方形石墩。起到支撑个门头的作用。也称为 [tso⁴²me²¹tɯ³⁵] "石头门墩"。有的用整块的方形石料，有的则用稍小的方形石料垒成，高度约为六七十厘米。门墩上方用青砖砌高与门头连接。

1-35◆周城

[ɛ⁵⁵me⁴²tsɿ⁴⁴] "二门"

在"四合五天井"式的民居中，从院外进到院里，需要连着经过的两道门中的第二道门。在四合院式民居中，院落正门常设在临街巷的一侧小天井中，该处不建耳房，进入小天井后还有开在厢房山墙上的第二道门。

[pa³⁵tsɿ⁴⁴tɕʰa⁵⁵] "八字墙"

白族传统的两层民居中，一层厦屋面两端与屋顶之间所建的矮墙，一般只有一阶，正面为八字形，故称"八字墙"。墙面常以彩画、泥塑装饰。若房屋两坊相连，则八字墙隔在两坊房屋中间，具有防风、防火的作用。

1-33◆周城

大理白语 壹·房屋建筑

1-40◆周城

[sua³⁵wu³³]"菜园篱笆"

农村常在屋后或田地边角处开辟菜地，菜地周围常种柳树、木瓜树、荆棘、小灌木，或用竹片、木片围起，类似篱笆。

[tso⁴²pɛ³³tʰɔ³³]"石板路"

青石板铺成的路。石板取材于苍山，为方便人行走而铺设石板。有的是在路中间铺设一条石板，有的是整条道路都铺青石板。

[lɔ³⁵tʰa⁴⁴tsʅ⁴⁴me²¹]"二楼的窗"

传统民居中二楼窗户的统称。传统的都是木雕花窗。

1-42◆周城

1-39◆周城

[tso⁴²kʰue⁵⁵tʰɔ³³] "石头路"

　　石块铺成的路。洱海周边村庄多见。石块取材于苍山，常用来铺设车辆经过的道路。

1-43◆周城

[tsʰɣ̩⁵⁵ka³³] "胡同"

　　一排房屋与另一排房屋中间的巷子。一般有六七尺宽。在较大的村子里，一些主要的巷道都有专名，汉译时常将白语中的[tsʰɣ̩⁵⁵]写作汉字"充"。如周城村中有[tʰa⁴⁴tsʰɣ̩⁵⁵]"塔充"、[tɔ³¹tsʰɣ̩⁵⁵]"大充"、[se³¹tsʰɣ̩⁵⁵]"小充"等巷道。

1-41◆周城

1-45◆周城

[tsɯ³³] "柱子"

  传统民居建筑采用木构架结构，上顶梁、下落地的柱子是整个木架结构的关键。房屋的柱子和梁之间都用榫卯构造连接。一般用稳定性好又便于加工的圆柱，少用方柱。一坊建筑根据房屋主体的进深，柱子的数量亦有不同，常有三根或五根，较大的房子有七根。前檐廊露出来的厦柱下常有雕刻图案的柱石，刷朱红色或黑色油漆，上面贴对联或挂匾联。

[ʑɯ⁴⁴] "村庄"

  自然聚居形成的村落。洱海以西，地势西高东低，过去分布其间的白族村庄大致按照山麓、平坝、滨海三个层次分布，除共同经营农业外，靠山的吃山、靠海的吃海，平坝间则除耕种水稻外，还从事手工业、经商。现在洱海以西的村庄则集中分布在平坝和滨海，村庄都有从苍山直贯下来的水沟，供灌溉和生活用水。

1-48◆周城

[tsʰɤ⁵⁵suɛ³⁵]"穿枋"

　　传统的木结构房屋中的构件之一。用于穿透房屋儿根主要的柱子并将其联结为一体。常见的是三层穿枋，约两尺高。上、下两层枋木随中梁在顺深方向通长，中间一层枋木因厦柱与前檐柱而分为两段，一般漆为朱红色，外端常雕刻龙凤狮象，较简单的如凤赶狮，中间雕渔樵耕读等图案。

[sa³³kʰuo³³]"柱石"

　　支撑柱子的鼓形石墩。传统白族民居的柱子一般置于柱脚石及圆盘形或立方体形[sa³³pʰa⁴²]"石柱础"上，柱脚石部分埋入地下。建房立柱之前，常在石墩下方匡金银宝器。较讲究的建筑中，露出的柱础常雕有麒麟、祥云等图案。

[çy³³ku²¹lu³⁵]"水洞"

　　传统民居都有围起来的院子，在院墙的一角常开一"水洞"，水洞接入村中的主要下水口，雨季能使院中积水外流。

1-47◆周城

1-46◆周城（施作模摄）

1-49◆周城

[tsʰe³¹xua⁴⁴]"彩画"

　　建筑上的彩色画图。传统的建筑多讲究"青瓦白墙淡墨画"。常在住宅和寺庙的外墙上分隔区域，配上彩画。旧时的住宅彩画图案多依主人的社会地位而定，内容多体现家风传承、警示鼓励等，现多为祈愿吉祥如意、清白传家等。住宅彩画的图案多为梅、兰、菊、竹、松、莲（九叶以上）、牡丹或狮、凤、鱼、兔、公鸡等，以及铜币、元宝等，再配以唐诗、宋词。寺庙彩画的图案多与宗教有关，如法轮、佛珠、莲花（七叶）等。所用颜料为墨、矿物颜料与牛皮胶混合而成，故能防止雨水侵蚀。彩画为国画小写意风格，住宅以淡墨为主，寺庙则多为重彩。

[nɯ²¹tsɿ²¹tʰe⁵⁵]"楼梯"

　　传统民居为两层式，楼梯常在室内，一般设在侧房内或耳房内，一些无耳房的住房或"转转楼"则将楼梯安在两坊之间的前廊处。

1-50◆周城

1-51◆周城

[tɕe²¹tɕe³⁵ku³³]"八角鼓"（之一）

两栋房屋相交转角处的八角形的矮台。因其形状与乐器八角鼓相似，故当地汉语方言称之为"八角鼓"。日常常有鸟雀停驻此处，故当地汉语方言也称为"麻雀台"。有檐，彩画，高度略低于两坊，能起到隔火挡风、方便上屋顶清理杂草的作用。

[pe⁴²ɕo³⁵ku²¹]"插香瓶"

传统民居大门两侧墙壁上专门插香的容器。白族民间逢初一、十五或会期都有点香的习俗，故大门两侧一般留有专门插香的小孔或陶土烧制的各种造型的小瓶。

[sʅ³⁵tsʅ⁴⁴]"狮子"

用于镇宅辟邪的石狮子。旧时大户人家的大门门槛两边多放置一对石狮子。

1-53◆周城

1-52◆下关

二 其他建筑

[ke³⁵kʰɣ³¹]"鸡窝"

  养鸡的笼子。常见的有高脚架子形，外面附带食槽，置于院中。也有篾条或铁丝编成的鸡笼，可移动放置。

1-56◆周城

1-57◆喜洲

1-54◆周城

[we³²ke³⁵nɣ³³]"鸡笼"

关小鸡的笼子。竹篾编制，有底，半圆形，一边有小门，上端有提手，可随意移动放置。

[mɔ³⁵sʅ³⁵ko⁴²]"茅厕"

厕所。常建于屋后菜地内，若无菜地则一般在房屋外面，靠一侧院墙而建，大多有顶。

[ŋɯ²¹tsɔ²¹mɛ³³wu³¹]"畜圈"

牲畜圈一般建在院中离主房稍远的一侧，有的只有一层，专养牛马或猪，也有的建成两层，上层堆放柴火，下层养牲畜。按照当地习俗，会在畜圈上贴"甲马"，以祈求六畜兴旺。

1-55◆周城

1-60◆上关

[tɕʰɯ⁴²tsʅ³³]"亭子"

　　园林中或村外供人休闲的亭子。较精致的亭子还有重檐斗拱，亭子内外以彩画装饰。

[tɕɛ³³]"水井"

　　村中或家中取水的井。位于苍山山麓的村庄，一般是在自然涌出的泉水处挖井蓄水供村人使用。位于坝区的村庄，则常打深水井取地下水，井圈常为石制圆形，高出地面半米左右，常加盖以保护水质。"水井"在白族文化中有重要意义，旧时新娘出嫁前一天，都要到村中的水井处举行[ɕɛ⁴⁴tɕɛ³³zʅ²¹]"谢井神"仪式。

1-58◆上银

1-59◆喜洲

中国语言文化典藏

40

1-62◆周城

[tue³²xɔ³¹] "碓坊"

用碓加工粮食的地方。旧时常用碓舂米。碓由臼、杵和支架组成。碓头下方用大方石凿出的漏斗形的 [tue³²kɯ³³] "碓窝",埋在地里,碓窝口和地面同高,里面放置谷物。加工粮食时运用杠杆原理,使碓头扬起砸向碓窝中的谷物,如此循环撞击,直至谷物碎成粉末。大理地区的"碓"有使用人力的 [ka³⁵tue³²] "干碓",也有借助水流之力带动的 [ɕy³³tue³²] "水碓"。

[pʰe⁵⁵fa³⁵] "牌坊"

为表彰功勋、科第、德政以及忠孝节义所立的门楼式建筑物。

1-61◆喜洲

1-65◆周城

[ku²¹]"桥"

  为跨水交通而建的设施。较常见的样式为平行地面的石板桥或木桥。过去，桥在道路交通中具有重要意义，现在的民间信仰中还保留有祭祀桥神的仪式。

[so³³ɕy³³kʰɔ⁵⁵]"筧"

  引水的工具。旧时居住在苍山脚下的白族村庄常用大的木片或竹管接引苍山十八溪的溪水作为日常用水。

1-66◆喜洲

[we³²tsuo⁴⁴] "磨"

1-63 ◆周城（施作模摄）

旧时把米、麦、豆等粮食加工成粉、浆的石磨。有人力、畜力或水力推动的磨。

[wɛ³²tsuɛ³⁵ʐo²¹] "砖瓦窑"

旧时烧制砖瓦、陶瓷或煅石灰的建筑物。大理市内洱海南岸的白族地区旧时有许多砖瓦窑，砖瓦经洱海水路销往各地。20世纪80年代，该地区曾发掘出许多公元10世纪到12世纪的有字（方块白文）残瓦。现今砖瓦多在专门的工厂烧制，传统砖瓦窑已较少见。

1-64 ◆凤仪（施作模摄）

1-69 ◆ 喜洲

1-67 ◆ 喜洲

[kʰua³³kʰv̩³¹] "狗窝"

传统民居常在主房台阶下或墙脚留置出一处通道做狗洞，既是狗自由进出院子的通道，也是其夜间休息之所。

[mɯ⁴²lo⁴²] "门楼"

建于村口、巷口或一些标志性的路口。通常采用一高二低的屋檐形式。简单的门楼仅在中间高起的屋檐两端连接柱子，形成一个门洞。较宽的门楼则在每一个檐口下支撑一根柱子，形成中间一个大门洞、左右两侧两个小门洞的格局，大门洞能让马车通过。门楼屋檐及柱子上常用彩画装饰。

[tʰa⁴⁴] "塔"

楼阁式砖塔。大理地区历史上曾信仰佛教，寺庙众多，佛塔林立。现存古塔不多，建筑形制多与中原相似。位于大理古城的崇圣寺三塔造型精美，主塔千寻塔建于唐代，南北两座小塔建于北宋，三塔布局呈鼎足之势。1978年，千寻塔内发现了大量南诏、大理国时期的佛像、写本佛经等。此外，大理市还有弘圣寺塔、佛图寺塔等古塔。

1-68 ◆ 大理（杨士斌摄）

三、建筑活动

1-71◆下关（施作模摄）

[tɛ⁴⁴pɛ⁹¹tɕʰa⁵⁵] "打土墙"

传统民居中，一坊房屋需要夯筑后檐墙和左、右山墙三面墙体。泥水匠按墙的宽度用"冂"形夹板固定，然后在固定的木板中间填入泥土和其他材料（多为就地取材，如洱海沿岸地区多混入鹅卵石或贝壳等），人站在两块木板中间用木杵反复捶打夯实，一层层向上筑牢。

[tv̩³¹tʰu³³] "动土"

白族民间认为，土地由五方龙神职司，动土建房可能冒犯神君，故动土前，需请风水先生择吉日敬土神，然后象征性地在将要建房的土地上挖几下。动土前需将动土日期告知左邻右舍，左邻右舍会在自家院中放一盘水，内放刷锅帚，上面用菜刀镇住，意为若邻居动土惊动了土气，则会落入水盆中，可免自家受灾。

1-70◆周城（杨雪摄）

1-72 ◆周城

[wa²¹ʑi³⁵] "梁衣"

　　包覆在中梁上的布。在举行"上梁"仪式之前，要在中梁底面正中贴八卦图，中间挂上装有五谷（稻谷、大麦、小麦、黍米、黄豆）的布袋，再用梁衣包覆，并将两端扎住。现今的砖混结构新式住房，没有中梁，但也需用一根长木棍做"梁"，举行"上梁"仪式。包覆中梁的"梁衣"，有的地区用大红色的布，有的地区则认为红色属火，忌用红布，而选用藏青色布。

[kɔ³⁵] "糕"

　　用米粉在大甑中蒸制而成的糕，上印红色和绿色的图案。为节日和某些庆祝活动专门制作，在房屋落成仪式中也需要用到。房屋落成仪式结束后，会给亲戚们每家分一块。因"糕"与"高"谐音，故有"步步高升"的吉祥寓意。

1-73 ◆周城

[tʰi⁵⁵wa²¹] **"提梁"**

在传统土木结构民居建造中，将房屋正中明间的中梁提升安装到位的仪式，也称 [zo³³wa²¹] "上梁"，是白族传统建筑活动中非常重要的一环。仪式由木匠主持，提升中梁的过程中需念吉利口彩，提梁仪式完成即象征着房屋的落成。现今砖混结构的新式房不用中梁，但也会在房屋建成后象征性地举行上梁仪式。

1-75 ◆周城

[tse³²wa²¹] **"祭梁"**

上梁仪式之前的重要仪式。一般请家族中德高望重的男性长者们（祭梁老人）环坐于院中，正对堂屋中供奉的中梁，由司仪主持仪式，请祭梁老人 [pɛ⁴⁴wa²¹] "拜梁"，然后由负责建房的木匠进行开光仪式方可上梁。

[a⁴⁴lo⁴²ɕe⁵⁵tʰu³¹] "安龙谢土"

在洱海周边一带，民间认为，建房动土会冒犯五方龙神，故而在房屋建成后要举行仪式补谢土府龙神。整个仪式中，都要请法师念经为房屋主人祈福。仪式开始时，法师在堂屋正中地上用盐或白石灰粉画出八卦图。八卦图中心的五个方位放置代表五方龙神的土块，上插五色旗。由男主人用桃木弓箭射向代表五方龙神的土块。第二天将五色旗和土块以及画八卦的盐等扫到一起送出门外，代表将五方煞气送出，从此家宅安宁。最后将一个装有"五宝"（金、银、铜、铁、锡）和"五谷"（稻谷、麦子、玉米、荞麦、蚕豆）的陶罐埋在堂屋正中，再铺上地板密封。仪式即完成。

1-79◆周城

[tɯ²¹ma³⁵tʰɣ̩³¹] "接馒头"

中梁提上去之后，提梁的木匠师傅再次放下绳子，将装有馒头、金银宝器、钱币、五谷的包袱提至梁顶，随后念"破五方"词，由房屋主人家的长辈、房主、兄弟姐妹等分别跪在院中接住木匠师傅抛下的大馒头，认为这样就能讨得吉利。之后，提梁的木匠师傅将包袱中的小馒头、钱币等向四个方向抛下，下面观礼的亲朋好友则会 [tɕʰa³¹ma³⁵tʰɣ̩³¹] "抢馒头"。扔馒头被认为是为了引出土气，然后立即在房屋四周插上五色旗，土气只得离开。

1-77◆周城

[xɔ³⁵lu⁴²kʰo³³] "合龙口"

  整个建房过程的最后仪式。白族民间认为房屋屋脊左右两端出檐是两条龙的龙尾，两条龙的嘴在房屋正中，将屋脊正中最后的瓦片相接盖上的仪式被称为"合龙口"。房主需在仪式开始前准备好象征后代文运亨通的文房四宝以及少量象征财富的金银玉器和一本当年的小年历，在年历上圈点好仪式的日期，用年历卷好全部物件，放入防水袋中，由木匠和泥瓦匠合作在仪式中将袋子填埋进屋脊正中。现今砖混结构的新式住房，建房时会在屋顶围墙中间留下一片瓦的缺口，用以举行此仪式。

[kʰe⁴⁴kua⁴⁴] "开光"

  房屋建成后需择吉日进行送土神、上梁、合龙口等仪式，在这些仪式中都会有开光仪式。开光仪式一般由负责建房的木匠师傅进行。比如，上梁前，由主家的尊长将公鸡交给木匠师傅，木匠师傅手抱公鸡，一边念口彩，一边掐破鸡冠，把鸡冠血点在房屋的中柱、地脚、梁头、梁尾和梁腰上，然后再将公鸡交还给主家尊长，梁柱开光仪式完毕。

1-78◆周城

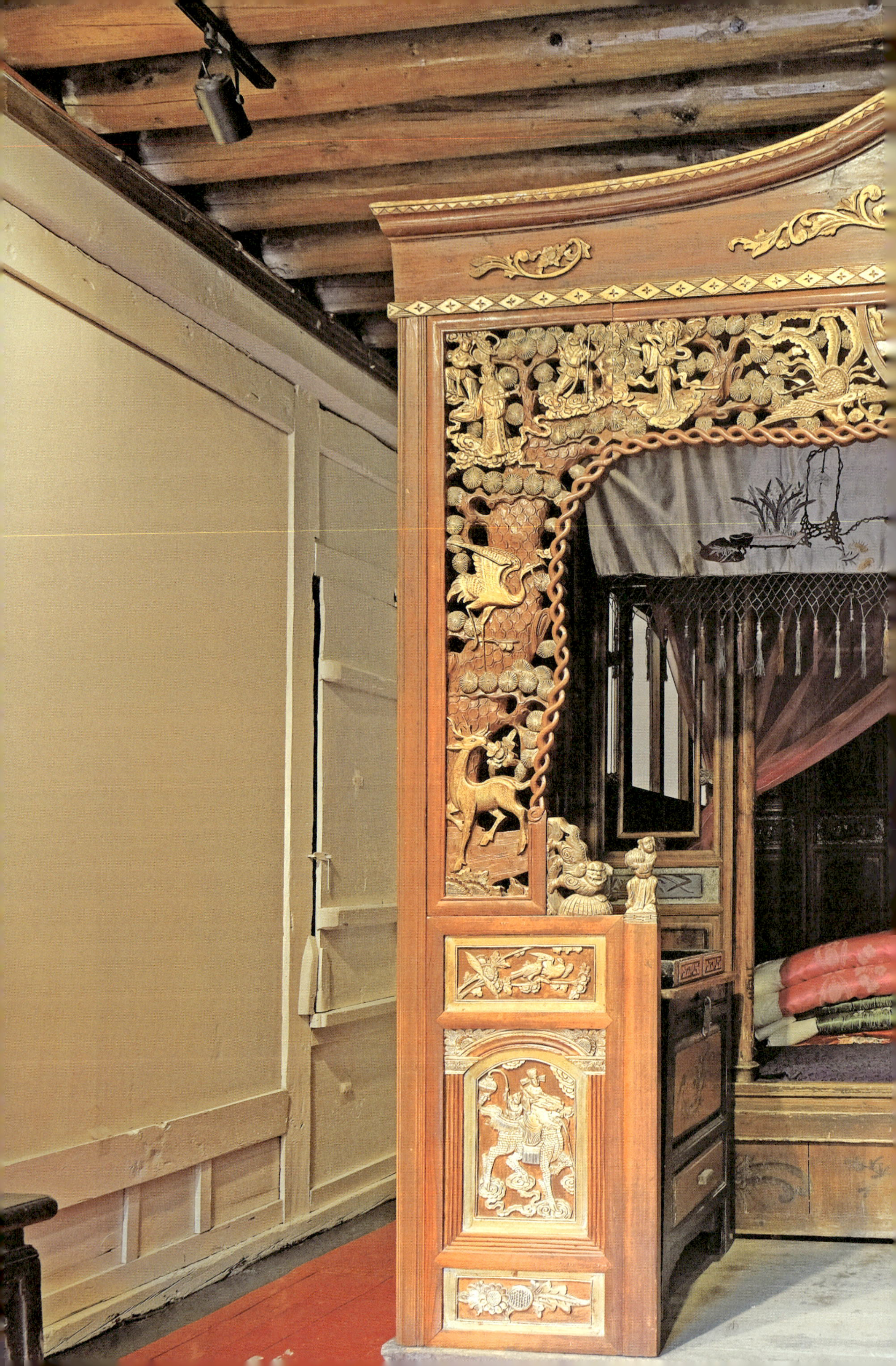

贰·日常用具

过去，大理坝区的白族日常用具多根据生活环境就地取材，用竹、木、草、石、土、布、搪瓷等材料制作。有炊具、家具、生产工具、生活用品、工艺品等。

白族以种植水稻为主，以大米为主食，煮饭用铁锅、罗锅，蒸饭、蒸米糕要用到笊篱、筲箕、甑子、纱布，做饵块用到饵块模子。苍山垂直性气候差异显著，提供了丰富的植被，在大理坝子世代居住的白族人对苍山植物的功效十分熟悉，民间有"一脚踩到三棵药"的说法，过去家家户户都有采集植物晾晒储存的习惯，以备食用或药用，大大小小的簸箕等晾晒用具在白族人家的院中很常见。厨房中的灶一般是砖头砌成的烧柴火的大土灶，灶旁的墙上有灶君位，逢节日要祭祀灶神。大理坝子烧制陶器的历史很长，新石器时代遗址中就出土了夹砂陶陶器，过去日常使用的碗、放置食物的缸等均为陶土烧制。刷锅帚、笊篱、碗筷篓、锅盖等则多为稻草或竹篾编制而成。

家具如桌椅板凳、床、柜子等多为木质榫卯结构。主房堂屋是家人相聚及招待客人的重要场所，较为讲究的家庭一般在堂屋正中靠墙先放置一张长而高的案子，靠近案子的正中放置一张略低的八仙桌，靠近八仙桌的堂屋正中放一张较矮的长条形茶几，从案子到八仙桌再到茶几，形成一个 [sa³³ti³⁵ɕy³³] "三滴水"（一高二低的三级）的格局。八仙桌两侧放长辈坐的太师椅，茶几两侧放"草墩"（稻草编成的圆筒状坐具）、矮凳或沙发。卧室中的柜子、梳妆台等则一般是结婚时女方的陪嫁，故而多数上红漆，有的还有精美的花鸟图案装饰。

如今，随着市场经济的发展，物资丰富，金属、塑料等制品因其或坚固，或轻便，或价廉，逐渐取代了传统的日常用具。

一 炊具

2-1 ◆ 下关

[tsɔ³²] "灶"

传统的白族农家常用的灶是以砖石砌成的方形大灶，常常紧挨墙角，烟囱延伸至屋顶，使用时在灶下方烧柴火。旧时人口较多的大家庭会砌两眼灶，可放两口大锅使用。如今家庭人口较少，一般的家庭多为一眼灶，可放一口铁锅。灶的台面多用大理石或瓷砖，既美观又便于擦洗。一些人家砌灶时会在灶膛里嵌入锅炉，水龙头在灶体外，烧柴火做饭的同时也能烧开水。

2-4 ◆ 周城

[luo³⁵kuo³⁵] "罗锅"

圆筒状的有盖深锅，肚略大，口略小，常为铜制，可焖饭、烧汤，户外使用较多。

2-6 ◆ 下关

[xue³³tsʅ²¹] "吹火筒"

用于生火引炊的细长木管。一般将[kʰɤ⁵⁵fɤ⁴⁴ɕi³⁵] "空心柴"中间掏空成长筒状制成，一般二尺多长，也有竹制的。

2-3◆周城

2-5◆周城

[tʰu³³mɯ²¹]"土瓮"

　　一种炖汤菜的器具，圆形，陶土烧制而成。分[sa⁵⁵kɛ⁴⁴tʰu³³mɯ²¹]"三格土瓮"和[mγ³³kɛ⁴⁴tʰu³³mɯ²¹]"五格土瓮"，常在红白喜事的宴请中用来炖芸豆、酥肉、木耳、竹笋等有汤的菜，一般家庭日常较少使用。

[we²¹]"甑子"

　　木质圆筒形蒸米饭器具。底部为竹篾条编制的[we²¹pe⁴⁴tɕi³³]"甑箅"，能在甑子中形成隔层，防止食物在加热过程中粘在甑底。做饭时，先将大米用沸水煮至夹生，再将米放入甑子置于锅内，锅底部加水烧热，利用水蒸气将大米蒸至全熟。

[kuo³⁵]"锅"

　　一般指架在土灶上的大铁锅。旧时家庭人口较多，常使用较大的铁锅，无锅耳，固定在灶眼上，四周用水泥等密封，提高燃烧产生的热效率。如今人口较少的家庭，也使用较小的有耳锅，方便移动。白族人迁居新房时，锅是最早要带入新居的用具之一。

2-2◆下关

大理白语　　贰·日常用具

55

2-7 ◆周城

[lu²¹tsuo⁴⁴] "风箱"

旧时常用的木质鼓风器具。圆筒状，长约三尺，中间有推拉杆，用手来回推拉控制。常用于铁匠铺。也有家庭生火做饭使用的小型风箱。

[pɛ³³tʰɣ³¹] "木桶"

盛水器具，旧时常为木质。小的木桶用来提水、挑水，大的木桶用来蓄水。为了防止木桶变形开裂，常用篾条箍绕桶身。

2-9 ◆周城

2-11◆周城

[sɣ⁴⁴lɣ⁴⁴mi³⁵tsɔ⁴²]"木勺"

木制舀东西的器具，约为半球形，有柄。较大，常用作盛汤、盛饭。

2-8◆周城

[fɣ³³xue³³se³²]"火扇"

竹篾薄片编成的扇风引火的工具。常见的是方形或五边形，头部圆钝，这样可以增加风的范围。

2-10◆周城

[sɣ⁴⁴lɣ⁴⁴pʰiɔ⁵⁵]"木瓢"

木制的舀水或舀取粮食的工具。

2-12◆周城

[mi²¹tsɔ⁵⁵li⁴⁴]"篾笊篱"

竹篾编制的笊篱，较细密，常用来捞米。

[se³³kuo³⁵tsue⁴⁴]"刷锅帚"

毛竹细枝梢制成的短帚，常用来刷洗铁锅。

2-13◆周城

2-14 ◆周城

[sua³⁵tsue⁴⁴] "竹刷帚"

　　竹制，较硬。用于刷洗甑底、箩筐等竹篾编制的器具。

2-17 ◆周城

[sv̩⁴⁴lv̩⁴⁴kɯ³³] "木臼"

　　木质研臼。旧时用来舂糍粑。

2-16 ◆周城

[tso⁴²pi³⁵kɯ³³] "石臼"

　　特指较小的石臼。本地的大理石纹路色彩素雅，常用来制成较小的石臼，用来舂花椒、辣椒等调味料。

2-19 ◆周城

[tʰu³³ke³²] "土碗"

　　陶土烧制的碗，质地较粗。旧时常用。

2-15 ◆周城

[zʅ³¹kʰue⁵⁵po²¹] "饵块模子"

　　圆饼状饵块的印模。长方形，一端有柄，雕刻各种图案，常见的是牡丹花、鱼、寿字纹等。

[tsʅ³³lɔ³²kɯ²¹]"筷筒"

木质或篾条编制的装筷子的用具。木质筷筒常为方形，可放置于桌面，也可悬挂。篾条编制的筷筒呈圆筒状，底部呈半球形，只能悬挂使用。

2-21◆周城

[sɯ³³kɯ³³]"大石臼"

较大的石臼，常用来舂粮食，过去较常见，现在不多见。

[tsʰʅ⁵⁵kʅ³¹]"碗柜"

放置碗碟的有门小立柜。一般有三四个隔层，用于放置碗筷、剩饭菜等。

2-18◆周城

2-20◆周城

大理白语　贰·日常用具

59

2-22◆周城

[ma³³kuo³⁵tʋ⁴⁴] "草锅盖"

　　用山茅草编成的锅盖。山茅草做芯，取芦苇皮缠裹其上，编成的尖顶草帽状锅盖。顶部编有绳扣或加竹条做成的架子以方便拿取。草锅盖具有一定的透气性，一般土灶大锅蒸米饭或馒头、包子时使用。另有木制锅盖，密封性比草锅盖好，一般在快速加热水或食物时使用。

[tçy³⁵] "陶罐"

　　陶土烧制的罐子，用来盛放调料或烤茶。

2-23◆周城

2-26◆周城

[fɛ⁴⁴ʐo⁴⁴vɣ³³ka³⁵] "发面盆"

陶土烧制的盆，深而大，发面时使用。

[ke³²ŋe³³tɯ³⁵] "碗筷篓"

竹篾编制而成，上下两层，下层空间较大，可放碗碟，上层空间较小，可放置小勺等。一般悬挂使用。

2-24◆周城

[pɔ³³mɔ³³tɕi³⁵] "簸箕"

用竹篾编成的扬谷去糠的圆形器具，大小都有。

2-25◆周城

二、卧具

2-27 ◆周城

[ku³³sʅ³⁵tso²¹]"旧式床"

　　旧式木床，有床架，可挂床帘。

62

2-29◆周城

[kɔ³²tɕi³¹] "草席"

　　稻草编制的席子。较厚，粗糙，透气，旧时常垫于床板上、苇席下。

[tsʅ⁴⁴n̩ɣ³³n̩ɣ³³] "摇篮"

　　竹篾编制而成的摇篮，船形，常用棉布包裹。底部为圆弧形，置于地面时可摇晃。上加带，可背。

2-28◆周城

[tsʅ³¹tɯ²¹] "枕头"

　　躺着的时候，垫在头颈下的用具。一般以棉花做枕芯，外层套枕套，枕套上常绣上寄托对生活美好期望的图样，如花开富贵（牡丹）、鸳鸯戏水、喜上眉梢（喜鹊与梅花）、蝶恋花等。

2-31◆周城

[ʑɛ⁴²sɛ⁴⁴] "苇席"

　　蒲苇编制的席子。薄而光滑，常垫于草席上、垫子下。

2-30◆周城

2-32 ◆喜洲（杨士斌摄）

[pa³⁵ɕe⁴⁴tsɛ³⁵tsɿ⁴⁴] "八仙桌"

  桌面四边长度相等的大方桌，每边可坐二人，四边围坐八人（犹如八仙）。白族民间的八仙桌常有上下两层，由两张较矮的方桌叠放，置于堂屋正中，常用于供奉祖先。两张方桌四周的牙板都有雕花装饰。平日如宴客需要，也可搬下来做两张桌了使用。

[sɿ⁵⁵fa⁴⁴tsɛ³⁵tsɿ⁴⁴] "方桌"

  四方形的桌子，一般家庭日常用作餐桌，四边配长条凳，一般可坐八人。

2-33 ◆周城

2-35◆周城

[va⁵⁵tsue³³sɣ⁴⁴tso³⁵] "案子"

  狭长形的高脚几案，案面两端有翘起的飞角。一般在堂屋正中靠墙摆放，上置花瓶、座钟、笔砚等。

[mi²¹tsɛ³⁵tsʅ⁴⁴] "篾桌"

  家中常用的篾条编制的小方桌。

2-34◆周城

中国语言文化典藏

66

[tɕɔ³⁵ʑi³⁵pa⁴²] "太师椅"

较宽的清式扶手椅，一般放置于堂屋中八仙桌两侧，为长辈座椅，若小辈坐则会被视为不礼貌。

2-37◆喜洲

[tsʰa⁴²tɕi⁴⁴] "茶几"

长方形的矮脚几案，比案子略宽。中间常常是整块水墨画风格的大理石桌面，四周黑木镶边，牙板有雕花。常放置于堂屋中。

2-36◆周城

2-40◆周城

[tso²¹pa⁴⁴tɯ⁵⁵]"长凳"

　　长条形的板凳，可坐两人，配合大方桌使用。

[ʑi³¹tsʅ⁴⁴]"椅子"

　　现代有靠背或扶手的坐具。无论竹质、木质或其他材质都统称为"椅子"。较常见的是竹制扶手椅。

2-38◆周城

[pʰu⁵⁵tʰɔ⁵⁵] "蒲团"

蒲草编成的扁圆形垫子，一般跪拜时垫在膝下。

2-42◆周城

[tu³⁵tɯ⁵⁵] "独凳"

只可坐一人的四脚小方凳。

2-39◆周城

2-41◆周城

[ma⁴⁴tɯ³⁵tɕʰy³³] "草墩"

稻草（加布条）编成的圆筒状坐具，一尺多高，上面常用布包裹，草墩侧面有一个环扣，方便拿取移动。

2-43◆周城

[wa⁴²wa⁴⁴tɕɔ⁵⁵] "娃娃轿"

幼儿座椅的一种。这种幼儿的长方形座椅，前面有桌板，桌板下方的空间可以让幼儿的双腿有一定的活动空间。

四 其他用具

2-47 ◆周垧

[se³³tɕy³³we³³pa²¹tɕa⁴⁴] "脸盆架"

放置脸盆、毛巾等的架子，木质或铁质。一般有两到三层用于放盆，上方的木架可以搭毛巾，放镜子、皂盒等。

[kɛ³³pa²¹] **"铜盆"**

铜制的盆，旧时常用作洗脸盆，因其较重，现在已被搪瓷盆或塑料盆取代，但婚礼时仍作为必备的嫁妆之一。

2-45◆周城

[tsʰɿ⁴²pa²¹] **"搪瓷盆"**

搪瓷制的盆。旧时婚礼、乔迁时常作为礼物赠送。

2-46◆周城

[sʅ⁴⁴lʅ⁴⁴pa²¹] **"木盆"**

木制的盆。现已不常见。

2-44◆周城

[tsɿ⁵⁵fʅ⁵⁵tsue⁴⁴] **"棕扫帚"**

棕树皮制成的扫帚。硬度适中，可用来打扫室内。

2-48◆周城

2-53◆周城

[kʯ⁵⁵tsʰɯ³¹z̩²¹le²¹] "腌菜坛子"

    陶土烧制成的口小肚大的器具，有盖，大小不一。常用的腌菜坛子有双沿和单沿之分，双沿的坛子多用于腌制酸菜或食物，在坛沿加水后将坛盖扣上可以形成一个密封的空间，单沿的坛子可以存放干菜等。

2-50◆周城

[mɛ³³tɯ³⁵] "马灯"

    可以手提的、能防风雨的煤油灯。

[sɔ⁵⁵fa³⁵ma²¹tsue⁴⁴] "竹扫帚"

    毛竹细枝梢制成的长扫帚。常用来打扫室外庭院或道路。

2-49◆周城

2-52◆周城

[xue³³pa²¹le̠²¹]"火盆"

　　用于放置炭火的圆形铁制浅盆。置于低矮的方形铁架子内，可放置于室内，冬天人们常围坐火盆四周烤火取暖。

[çy³³ka³⁵le²¹]"水缸"

　　方形或圆形，大而深，常用于蓄水，一般为石制或陶制。

[xue³³lu³⁵tsʅ⁴⁴]"火炉"

　　供取暖或炊事用的小炉子。常为土陶烧制。

2-51◆周城

2-54◆周城

73

2-58◆周城

[kuo³³pe⁴⁴] "裹背"

  方形，两侧加宽肩带，可包裹住婴儿的背部，并将幼儿固定在大人背上。方形主体部分里层常夹棉，或用多层棉布上浆缝制而成，有一定的厚度，且软硬适中，包覆性好。外层常有精致的绣花。

2-55◆周城

[pɛ³³ɕa³⁵tsɿ⁴⁴] "木箱子"

  长方形的木质有盖带锁小箱子。旧时用于装衣物或小件物品。常做嫁妆，上红漆，绘精美花草图案。

2-56◆周城

2-59◆周城

[mi²¹tʰi⁵⁵lɔ⁵⁵] "篾提篮"

  篾条编制的篮子，椭圆形，有底座，有提梁。过去赶集时用于携带少量蔬菜、米面等。

[mɯ⁴²tɕɔ³³] "盖布"

  较薄较软的布，背孩子时可搭在背带上方，盖住孩子的头，避风、防晒。布上常有八卦图案，民间认为可阻挡邪祟。

[zɛ³²tsʅ⁴⁴n̥ɣ³³n̥ɣ³³] "背孩子的背篓"

  篾条编的背笼，弯曲部分为座位，幼儿可坐、靠在里面。

2-57◆周城

大理白语　贰·日常用具

2-61◆周城　　　　　　　　　　　　　　　　　　　　2-62◆周城

[tsɔ⁴²tsɔ²¹]"石槽"　　　　　　　　　　　　　[sɿ⁴⁴lɿ⁴⁴tsɔ²¹]"木槽"

  石质的食槽，常置于猪圈内，石槽可防止被猪啃咬破坏。　　　　　　　　　木质的食槽。大的用于盛放牛马等家畜的草料，小的可用于盛放鸡鸭的饲料。

[tɕo⁴⁴kʰa⁴⁴]"轿子"

  旧时官宦人家使用的，靠人力肩扛的供人乘坐的交通工具。现日常已不用，只在一些节庆中使用，如周城村本主节使用轿子抬本主塑像；又如仁和村，每年为高寿老人举行的"耆英会"也会用轿子迎送老人参加敬老活动并游村（图2-60）。

2-60◆周城（施作模摄）

2-63◆周城

[kʰɣ̩⁵⁵pe²¹] "畚箕"

竹制的筲箕，有大有小。大的可用作农用工具，绑上绳子或铁丝之后可配合扁担用来挑土块、农家肥等，小的则可用作淘米、洗菜的厨房用具。

[kɣ̩³¹kɛ³⁵] "柜子"

长方形的木制有脚家具，有盖。较大的可用作储粮柜。较小的则常常上红漆，加彩画，用作嫁妆，可放于卧室，存放日常衣物、杂物等。

2-64◆周城

2-70 ◆喜洲

[tso⁴²kʰue⁵⁵suo³³] "石锁"

　　石头打制，旧时男性锻炼臂力的用具。

[su⁴⁴tsua⁴⁴tʰe⁴²] "梳妆台"

　　梳洗打扮用的小柜子。一般为木制，红漆，四周雕花装饰。常放在卧室，柜子上装有镜子，抽屉中存放头饰、化妆品等，梳妆用。

2-68 ◆周城

[tɯ³⁵ku²¹] "针线篓"

　　竹篾编制的小箩筐，放针线或小件物品，也是结婚时压箱压柜仪式（见图7-4）必备的。

[tʰo⁴⁴pa²¹] "托盘"

　　红白喜事中 [tsʰɣ⁴⁴tɕʰuo³⁵] "出桌" _{将菜端上桌}使用，一个托盘可以一次放七八碗菜。也可在祭祀中盛放祭品。

2-66 ◆喜洲

2-65 ◆周城

2-69◆周城

[tsʰɛ³³tɔ³¹] "彩条幅"

  红白喜事中挂于堂屋上方的布条幅。喜事一般用红色，白事则用绿色。喜事用的条幅上常见的是"喜上眉梢""花开富贵"以及鸳鸯、菊花等图案，丧事用的则是八仙过海图。

[kɛ³²mi³²] "镜子"

  旧时放在小衣柜上的木质小方镜，常和装化妆品的小梳妆匣连为一体，供梳妆用。

2-67◆周城

大理白语 贰·日常用具

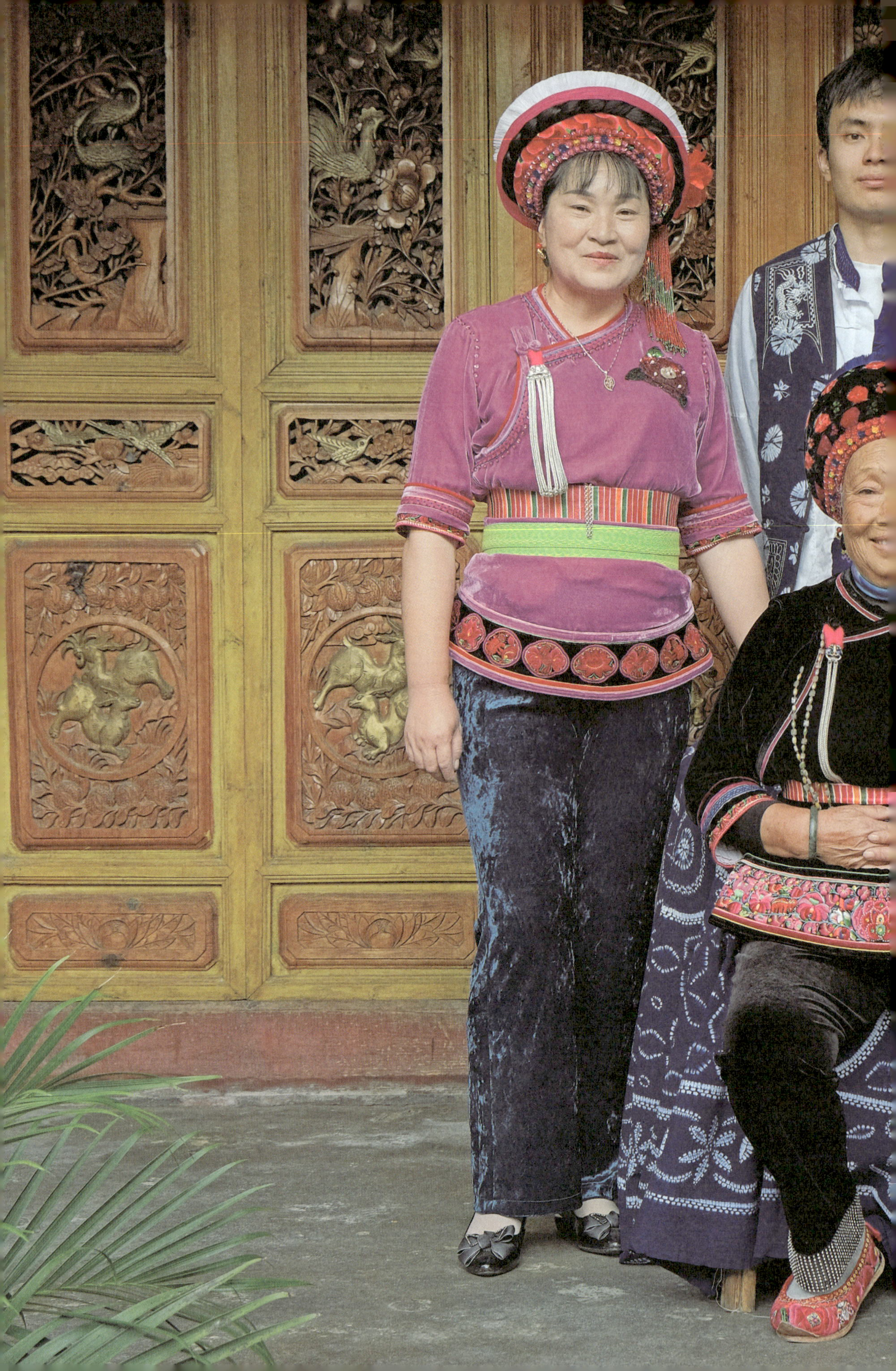

叁·服饰

大理白族的传统服饰特色鲜明,地区差异显著。大理市地处低纬高原,在低纬度、高海拔的地理条件的综合影响下,形成年温差小、四季不明显的气候特点。在服饰上体现的季节差异不大,几乎是一年四季同穿戴。

　　洱海周边的白族服饰色彩明艳。儿童和少女的服饰较为艳丽,中老年女性的则较为素雅。男子服饰以白色和蓝色为主,一般着白色或蓝色对襟上衣,外穿镶花边的黑领褂,下穿白色或蓝色肥宽裤子,腰间系 [ʐo⁴⁴sue⁴⁴tsɤ⁴⁴] "腰穗",头缠白色或蓝色包头,肩挎绣花挎包。年轻女性多穿白色圆领上衣、红坎肩,中老年女性则是蓝色上衣配丝绒黑坎肩,上衣和坎肩都右衽结纽,胸挂 [sɛ⁴²ku³⁵ɕi³⁵] "银衫穗",腰系束腰带,上系围裙,绣花飘带,下着蓝色宽裤,脚穿绣花鞋。已婚妇女梳髻,发髻上别银钗,再用绣花头巾包头,脑后飘穗。未婚少女盘辫,用红头绳将发辫缠于头顶,下垫 [suɯ³³tɕuɯ³⁵kɛ⁴²] "绣花头帕",右侧飘雪白缨穗。

现今，大理市区附近白族日常服饰多同汉族，周城、上关、海东等地的白族妇女日常仍着传统服饰，男子则在特殊的节日和仪式中穿着传统服饰，日常服饰和汉族无明显差异。除老年女性外，人多不再盘髻，无论已婚、未婚，都用红头绳将发辫盘于头顶，下垫绣花头巾，右侧飘穗。

白族妇女擅长刺绣，过去从十几岁就开始学习纺织和刺绣。在传统服饰中，刺绣主要体现在挂包、头巾、童帽、围腰、飘带、裹背、背带、鞋面等饰物上，衣裤上较少，现代改良的白族服装则在衣裤上也有比较显眼的刺绣。刺绣纹样以花草植物为主，有鱼戏莲、多子多福等，有祈福的寓意。

白族人喜爱的饰品以银制、玉质为主，女性喜欢在坎肩右衽佩戴银制的衫穗，戴银镯、玉镯、银发饰、银耳环或金玉耳环，男性也时有佩戴银镯，童帽上也有银制佛像和玉片点缀。

一 衣裤

3-2 ◆周城

[kua⁵⁵kua⁴⁴] "褂子"

男子穿着的比上衣短的无领无袖、类似坎肩的上衣。布盘花纽扣，下摆两边有口袋。套在衬衣上穿。旧时褂子常以黑色、青色为主，上用白线钩绣龙、凤等花纹，现多为扎染布加白线钩绣图案缝制而成的蓝底白花式样。

[tso²¹ʑi³⁵] "长衣"

无领，盘扣右衽的女式衬衣。前襟短，后襟长，称之为 [to³¹se⁵⁵se³¹se⁵⁵] "大幅小幅"（后襟即"大幅"，前襟即"小幅"），前面系围裙。领口、袖口、后衣襟（[ʑi³⁵ŋɣ³³pɯ⁴⁴] "衣尾"）等处常有绣花图案装饰。年轻人多着白色，老年人多着蓝色。

3-3 ◆周城

3-1 ◆周城

[ʑi³⁵tse⁴²] "男式衬衣"

男子低立领衬衣。盘扣,对襟,门襟两边里子镶贴红布或花布。领口处有黑线勾勒刺绣的花纹,左胸和下摆两边各有一个贴袋。男士衬衣一般是蓝白两色,称为 [tɕʰɛ³⁵ʑi³⁵tse⁴²] "青衬衣" 和 [pɛ⁴²ʑi³⁵tse⁴²] "白衬衣",单穿或叠穿均可。

3-4 ◆周城

[pi³¹tɕa³⁵] "比甲"

无领无袖的女式"褂子"。盘扣右衽,前短后长,比衬衣略短,领口处常有精美刺绣,套在 [tso²¹ʑi³⁵] "长衣" 上穿时,背后正好露出衬衣的后衣襟绣花。年轻人多着红色,老年人多着蓝色、黑色。

3-9 ◆周城

[we³⁵tɕʰɯ⁵⁵] "围裙"

系在"比甲"外的围腰。白族女性传统服饰为短衣长裤，外系绣花围腰。普通围腰主体呈梯形，少女的围裙则一般是圆角。围裙四周用花边或其他颜色的布拼接，下摆有精致细密的花朵图案刺绣。旧时围裙通常长至膝下两三寸。现今在周城一带，年轻妇女所着围裙已短至大腿根部，显得更加干练。

3-6 ◆周城

[tɔ³¹ŋɣ³³no²¹kua³⁵] "大裆裤"

旧时男子穿着的裤子，多为蓝色或黑色。裤腰与双裤脚同宽，裤筒宽七寸至一尺二寸，宽裤筒方便挽起裤脚劳作。有的在裤脚离裤口两尺处绣花，与包头、褂子的绣花相呼应。裤长至膝盖，下可打绑腿。因裤腰肥大，日常穿着需用布腰带系，不用腰带时可折叠别起。

[kua³⁵] "裤子"

男女日常穿着的长裤，直筒，女性穿着的长裤在裤脚处有精美绣花。

3-5 ◆周城

3-10◆周城

3-7◆周城

[we³⁵tɕʰɯ⁵⁵vɿ³³] "围裙带"

围腰两端的系带，用一较硬的绣片做[we³⁵tɕʰɯ⁵⁵sɯ³³tɯ²¹] "围裙手"与围裙相接。围裙带主体宽一寸多，上绣十字针法纹样。

[se⁴⁴tsɿ³¹] "衫子"

老年男子在一些重大活动中穿着的清代风格长衫。

[we³⁵tɕʰɯ⁵⁵sɯ⁴⁴tɯ²¹] "围裙带头"

直译为"围裙手"，用来连接围裙主体和围裙带的较硬的绣片。

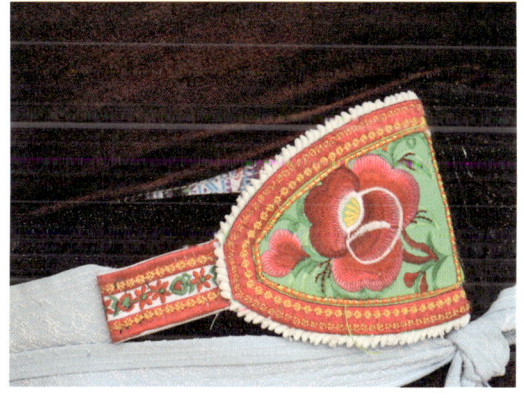

[ta³⁵pɔ³⁵tsɿ⁴⁴] "束腰带"

女性束腰用的宽布带。宽约3寸，长度可绕腰身三圈。两端有艳丽的花朵刺绣。束腰带里层用浆布，外层绣纹样，有一定硬度，上系围裙。

3-11◆周城

3-8◆周城

[tɕo³¹] "屁帘"

　　用于遮挡婴幼儿臀部的方形布。旧时幼儿多穿开裆裤，天凉时用一块绣花的棉布做成方帘，一条边两端有布质带子，系于腰部，避免臀部受凉。

3-18◆周城

[pi³¹kua⁵⁵] "蓑衣褂"

　　棕叶制的遮雨用具。比蓑衣窄，像"褂子"。

3-13◆周城

3-14◆周城

[ɕi⁵⁵mi⁴⁴tsʅ⁴⁴ku²¹] "口水兜"

　　儿童绣花围嘴。传统的围嘴大多是梅花形，浆布做里，外层是棉布，上有花草或鱼的刺绣。现在的围嘴前面部分加大，更加方便实用，常见的刺绣图案是牡丹花篮。

3-16◆周城

3-17◆周城

[pε³⁵tsɿ⁴⁴]"护腰"

　　用以保护婴儿腰部的护具。束于婴儿腰部，多层浆布做里，有一定硬度。外层有绳边和精美绣花。

3-12◆周城

[pʰiɔ⁵⁵te⁵⁵]"飘带"

　　围裙带两端的绣片。比围裙带主体略加宽，刺绣精美，系围裙时，飘带可系于身前一侧，也可系于腰后。围裙系好后，飘带会露出，自然垂下。

[pi³¹se⁴⁴]"蓑衣"

　　棕叶制的遮雨用具。宽大，上面两端系好带子即可像斗篷一样遮住整个身体。

3-15◆周城

89

二 鞋帽

3-22 ◆周城

[lɯ²¹xuo³⁵ɕɔ⁴⁴mɔ⁴⁴] "莲花帽"

幼儿戴的帽子。周城村一带传统的童帽。做工精美，帽子正中是莲花造型（图3-22），由4瓣绣了荷花图案的尖椭圆形绣片缝制成一个立体的莲花花苞，花苞尖上加红线球，花苞下方绣有童子图案，童子下方左右两边各钉一个银质麒麟，中间镶镂空雕花的银质圆球。莲花花苞四周用布缝成莲蓬状，再用红、绿、黄三色绒线球装饰。帽子后面（图3-23）中间用白色和绿色布缝出菊花的形状，中间刺绣。两侧用白布做成白鹤形状，白鹤口中各衔一串珠穗。莲花帽与白族的佛教信仰有关，同时，莲蓬、童子也寓意多子；麒麟辟邪，象征吉祥；白鹤、菊花寓意吉祥长寿。

3-23 ◆周城

3-19◆周城

[tsʰuo³⁵tsʰuo³⁵mɔ⁵⁵] "前进帽"

即鸭舌帽。老年人常戴的藏蓝色的帽顶平且有帽舌的帽子，帽檐像鸭舌，故称。

3-20◆周城

[tsa⁴⁴mɔ⁵⁵] "毡帽"

表演 [tʰa⁴²tɕɯ⁴⁴] "洞经"的老年男性常戴的圆形帽，常配长衫。

[ɕɔ⁴⁴mɔ⁴⁴] "小帽"

蓝布解放帽。老年人日常生活中常戴的帽子。

[tɕe²¹tɕi³⁵ɕɔ⁴⁴mɔ⁴⁴] "鱼尾帽"

幼童戴的帽子。属于较传统的样式。帽尾上翘，帽子上有彩色绒线球装饰，帽檐有银泡装饰，上面缝6个、8个或10个银制小佛像，有求平安的寓意。

3-21◆周城

3-24◆周城

3-30◆周城

[kuo³¹la⁴²sɯ³³tɕɯ³⁵] "裹蓝帕"

上了年纪的女子常用蓝底 [tuo³⁵xuo³⁵] "戳花"（见图 5-68）头帕，俗称 [kuo³³la⁴²] "裹蓝"。年长的女性梳髻，再用头帕包裹，头帕两头有短缨穗，在脑后交错系紧，短穗露出。头帕上方挑穗，上下边沿儿有刺绣。

[mɯ⁴⁴kua⁴⁴tɯ⁴²mɯ³²] "草帽"

麦秸秆编成的，日常或劳作时防晒用的帽子，男女均可戴。

3-27◆周城

3-26◆周城

[mi²¹tɯ³²mɯ³²] "篾斗笠"

用竹篾编结成的遮挡阳光和避雨的尖顶帽子。

3-25◆周城

[lɔ²¹tɯ²¹pɔ²¹ɕo⁴⁴mɔ⁴⁴] "虎头帽"

幼儿戴的老虎头样式的帽子。整顶小帽上遍布刺绣，刺绣的主体部分为老虎头部的眼睛、鼻子、嘴、耳朵。其余部分绣花朵和枝叶进行装饰。

[pɔ⁴⁴tʰo⁴²] "包头"

旧时白族男子使用的包头。将一丈二尺长的白布裹成"人"字花缠于头上，两端常绣红色花朵，挑短穗垂下，用红色、黄色、绿色的线球装饰。旧时多为白色、蓝色或黑色，现只在一些传统仪式中穿戴，常为白色。

[sɯ³³tɕɯ³⁵kɛ⁴²] "头帕"

年轻女子常用白底绣花头帕，上端挑须，左侧有白色长穗，梳长辫盘于头帕外，绕至脑后，用红绳固定。

3-28◆周城

3-29◆周城

3-37◆周城

[tsʰɣ³³kɛ⁴²] "茅草鞋"

  茅草编制的鞋。旧时劳动常穿，比稻草鞋更结实。

[tɕʰɛ⁴⁴xuo³⁵ŋe²¹] "绣花鞋"

  普通的绣花鞋多为千层底的圆口鞋，鞋面上绣花鸟图案，有襻，老年女性穿着。

3-33◆周城

[pʰiɔ³¹ŋe²¹] "男士布鞋"

　　男士穿着的千层底布鞋，多为蓝色或黑色，圆口，无襻。

3-31 ◆周城

[pʰiɔ³¹kɛ⁴²] "布凉鞋"

　　旧时的男士凉鞋。多为千层布底，布帮，带襻，鞋帮上有刺绣，还有线球装饰。现今只在一些传统的节日庆典中穿着。

3-32 ◆周城

[tɕʰe⁴⁴xuo³⁵ŋe²¹tɕi³³] "绣花鞋垫"

　　垫在鞋子里面的薄布垫。里层为浆布，外层用棉布，棉布上有精美刺绣。鞋垫多为红色、蓝色。男女鞋垫花样略有不同。

3-36 ◆周城

[lo²¹tɯ²¹po²¹ŋe²¹] "虎头鞋"

　　鞋尖形似虎头的绣花鞋。软布底或千层底，鞋头部分用红绿两色绒线球装饰，呈虎头模样，刺绣工艺较为复杂。过去新娘结婚时都要穿虎头鞋，婴儿也都有一双虎头鞋。

3-34 ◆周城

[tɕʰo⁵⁵tɯ²¹po²¹ŋe²¹] "翘头鞋"

　　年轻女性穿着的绣花鞋。不分左右，布帮牛皮底，鞋头尖而上翘，形似小船。尾梆处垂着绣花软布。鞋身多为白、红、绿、蓝色底布，上面绣梅花、桃花或鱼、鸟等图案。

3-35 ◆周城

大理白语 叁·服饰

95

三 首饰等

3-39 ◆周城

[pʰɔ⁴⁴ɕe⁵⁵]"头绳"

女性日常固定发辫与包头时使用头绳。一端在脑后束住所有头发，并缠绕出两寸左右便于缠绕发辫，发辫编好后将包头垫于头顶，用头绳缠绕在发辫中间固定包头，若不戴包头，也可直接用头绳固定发辫缠于头顶。通常使用红色头绳，家中有孝时，在三年守孝期内使用绿色头绳，脱孝后才可使用红色。

[pi³⁵tsʅ³³kua⁴⁴]"发簪"

银质，中间窄，两端圆并雕刻花纹，梳髻时将头发缠于中间较窄的部位，缠好后翻转发簪固定。

3-38 ◆周城

[ȵo³³ku²¹]"耳环"

3-41◆周城（杜又涛摄）

白族女子大多七八岁就穿耳洞，成年女性大多戴耳环。传统的耳环样式为金质圆环串红色玛瑙珠，再将圆环与玉质环片相套合而成，金环在上，玉片在下。

[suɛ¹¹kuɛ³³]"钗子"

银制发钗，常有细银穗，插于发髻上或发辫根部。常见的有凤穿牡丹、梅花蝴蝶等吉祥纹样。

3-40◆周城

[ʑy⁵⁵tɕi²¹] "玉镯子"

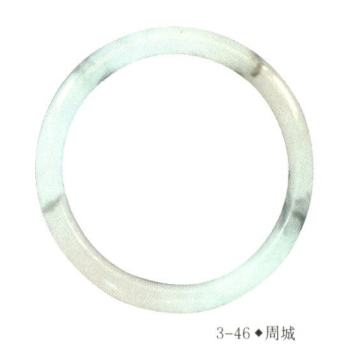

白族女性喜戴镯，大多是玉镯。一般年轻女子戴新玉玉镯，晶莹圆润，中老年妇女多戴老坑玉镯，深沉华贵。

3-46◆周城

[sɛ⁴²ku³⁵ɕi³⁵] "蛇骨链"

女性的传统银质衫穗。银穗的数量及粗细因家中财力与个人喜好而不同。银穗上方穿于圆形饰物，常见的是银制或银底釉彩的蜜蜂，因白语中"蜜蜂"音 [fɣ⁵⁵]，谐音汉语"富"，寓意"富贵自来"。蛇骨链下端固定在一块圆形的 [tɔ³¹tsʰe⁵⁵] "大钱" 大银币上，寓意"财源滚滚"。银币下方系两根银链，可用于悬挂家中钥匙；佩戴蛇骨链时，将上端挂在裰子右侧盘扣上，下端可连同钥匙等塞在围腰中。

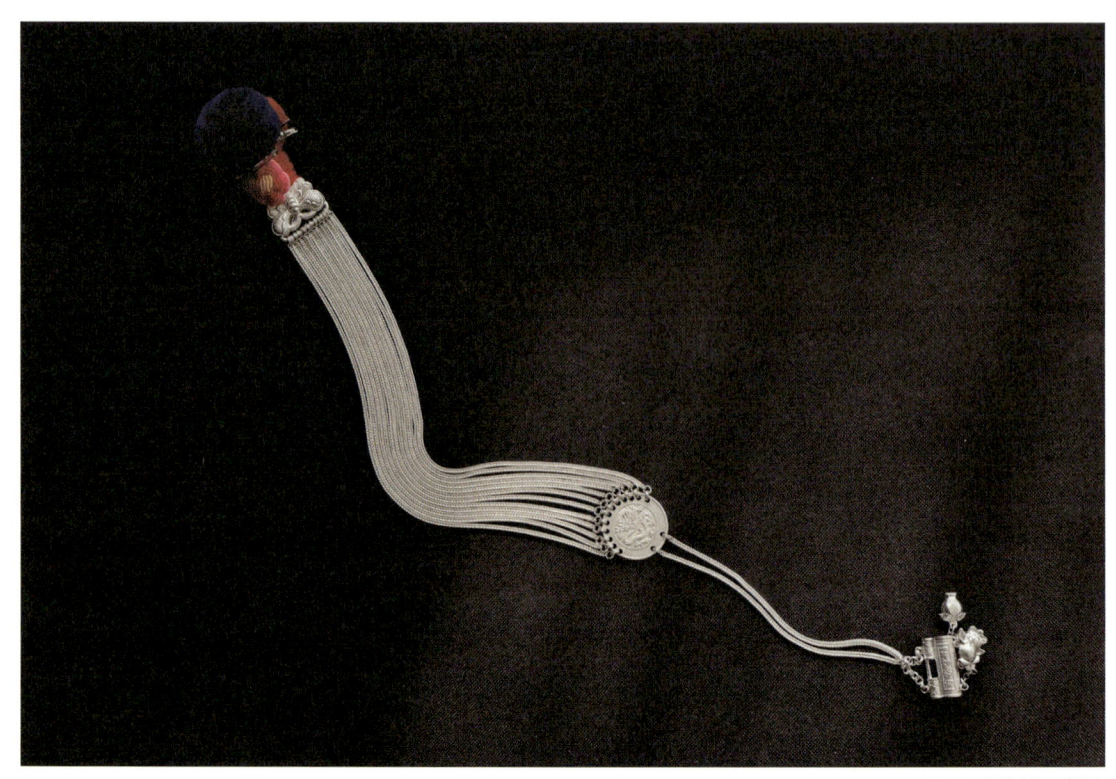

3-43◆周城（杜又涛摄）

[ʐɔ⁴⁴suɛ⁴⁴]"腰穗"

旧时男子腰间的饰物，整体为 T 形，较宽，功能相当于腰带。

3-45◆周城

[suɛ⁴⁴suɛ⁴⁴]"衫穗"

较新式的女性的银质衫穗。不同于传统的蛇骨链，新式衫穗用 10 厘米左右长短不一的细银穗制成，上方用红、绿、黄三色的绒线球装饰，挂于裆子右侧盘扣。新式衫穗色彩更加艳丽，造型更为活泼，深受年轻女性欢迎。

[ɕa⁵⁵ȵe⁵⁵]"项链"

白族女性常在颈项上戴项链。中老年人常戴玉珠串成的项链，有时会在项链上加佛像、叶子等玉坠。年轻人也常戴金项链。

3-42◆周城（杜又涛摄）

3-44◆周城

大理白语　丝·服饰

99

3-49◆周城

[tɕʰɛ⁴⁴xuo³⁵no²¹]"绣花包"

　　特指方形绣花挎包。女性日常生活中常用来装钱包等随身物品。

[n̺i²¹tɕi²¹]"银镯子"

　　白族女性常戴银镯，常见的是开口"扭丝镯"的样式，由数目不等的银丝扭转后制成。

[sɯ³³ku³⁵]"戒指"

　　中老年女性常戴玉戒指或金戒指。

3-47◆周城（杜又涛摄）

3-48◆周城（杜又涛摄）

[ɕo³⁵no²¹] "香包"

　　较大的布挎包。加入莲池会的女性在上会时常用的包，刺绣精美，用来背上会时用到小木鱼、钟、珠链等物。

3-50◆周城

[xɔ⁴²pɔ⁴⁴] "荷包"

　　类似于香囊，大小形状不一，内部填充艾草或其他香料，实心，外部绣花。用于装饰。

3-51◆周城

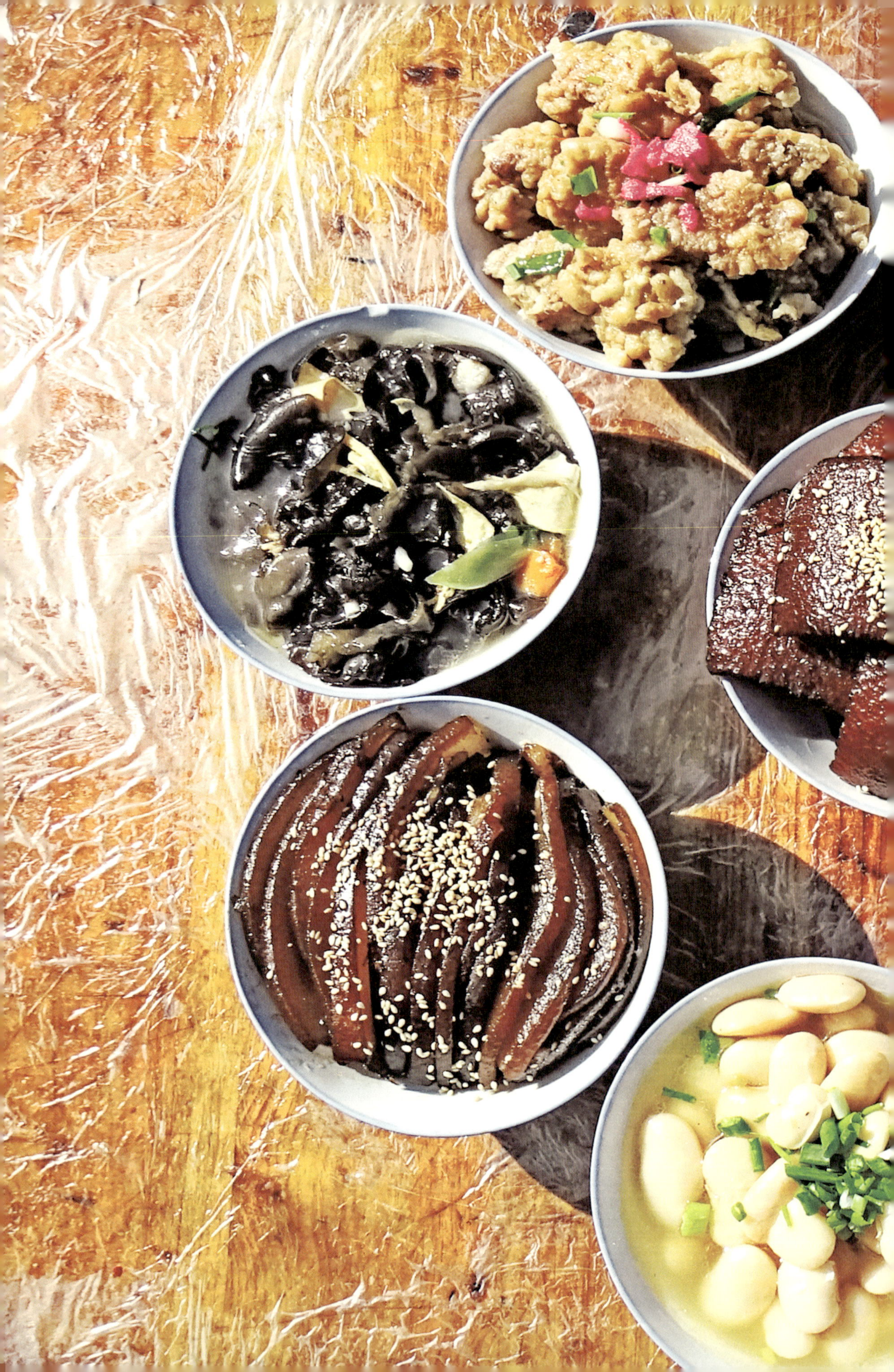

肆·饮食

大理地区白族传统的生产方式以农耕为主。坝区水源便利,多种水稻,一年一季。秋冬季雨水较少,土地较干燥,故水稻秋收后就种蚕豆,直至开春收获。离水源较远的山地则多种小麦、玉米等,一些临近洱海的村庄也有打鱼的传统。

大理地区以米饭为主食,杂粮以玉米多见,在特殊的节日或仪式中,也有包子、馒头、米糕等米面制品。饵丝、米线、饵块、乳扇等小吃较有特色。

家庭中常在房前屋后开辟出菜地,栽种青菜、土豆、茄子、辣椒、西红柿、南瓜、木瓜等,以满足日常饮食所需。山间的蕨菜、野生菌也在不同的季节食用。地里的新鲜蚕豆经常和其他蔬菜做成各色菜肴,或加糯米粉、米粉等做成蚕豆饼或蚕豆米糕。干蚕豆泡发后一年四季都可与其他蔬菜一起煮汤食用。另外,每年三四月苍山上开放的杜鹃花,也常采摘后晾晒成干花做汤。

大理地处交通枢纽，同时也是各种文化的交汇地，历史上人口流动大，民族交往、交流、交融的历史进程长，加上与地理环境、生产生活、历史文化、风俗习惯等长期适应发展，形成了富有民族和地方特色的饮食体系。白族喜好咸辣酸冷。过去家家户户养猪，腊月里就杀年猪，吃生皮。此外，大理白族喜食鱼、泥鳅等。地处滇西北的大理，冬季寒冷，鱼、肉等也常加各种作料炖煮之后静置，第二天便自然冻结成冻鱼、冻肉食用，这也是大理白族饮食的一大特色。

　　白族饮食富有文化内涵。招待客人的"八大碗"，每道菜品都有吉祥的寓意；著名的"三道茶"则体现了人生"一苦二甜三回味"的哲理；精致的米糕祝福人们步步高升；除夕夜吃鱼、莲藕、大蒜、豆腐等，象征连年有余、清清爽爽；端午节吃包子，纪念造福大理人民的小黄龙；就连辣椒、花椒等作料，都被赋予了 [tɕʰi⁵⁵tɕʰi⁵⁵kɔ²¹kɔ²¹] "亲爱"（白语中"辣"与"亲"同音，"麻"与"爱"同音）的寓意。

一、主食

4-1 ◆周城

[ma³⁵tʰv̩³¹] "馒头"

　　面粉发酵制成的圆形面点，旧时有馅儿或无馅儿都称为"馒头"，现专指无馅儿的。馒头在上梁、火把节等仪式或节日中常用，上面常用红色颜料印上花样点缀。

4-2 ◆周城

4-3 ◆下关

[xɛ⁵⁵zɿ³¹] "米饭"

　　大米饭。白族人种植水稻，以大米为主食。

[sɿ³³me³³xɛ⁵⁵zɿ³¹] "糯米饭"

　　糯米煮成的饭。平时也可食用，冬至时节吃得较多，吃时常加白糖或红糖。

4-4◆周城

[pa³⁵pɔ³¹fa⁵⁵] "八宝饭"

用糯米、豆沙、猪油、糖等蒸制而成。喜宴中常有，平时也可食用。

4-5◆下关

[mo⁴⁴mi³²te⁴⁴] "疙瘩汤"

面粉加少量水搅拌成稍扁平的疙瘩状，加蔬菜煮食。

[fɣ⁴⁴tsɣ⁴⁴]"米线"

4-6 ◆周城

大米制成的细圆条形鲜米粉，口感爽滑，可煮食，可凉拌。

[zŋ³¹kʰue⁵⁵xɯ³³]"饵丝"

大理地区主要的米制品之一。大米制成，细方条形，较干。可煮食或炒食。当地人早餐喜食"饵丝"。"炣肉饵丝"是大理的特色小吃。

4-7 ◆周城

4-10◆下关

[ʐy⁵⁵mɛ³⁵xɛ⁵⁵zɿ³¹]"玉米饭"

玉米面做成的粗粮饭。

4-9◆下关

[mɯ⁴⁴kua⁴⁴la⁴⁴zɿ³¹]"麦面疙瘩"

面粉加少量水搅拌成疙瘩状，与米饭一起蒸熟食用。

[mɯ⁴⁴pʰi³¹]"粑粑"

面粉做的饼，有馅儿或无馅儿。较有名的是炭火烤制的喜洲破酥粑粑，甜的是玫瑰豆沙馅儿，咸的是葱肉馅儿。

4-8◆周城

二 副食

[tse³⁵tsa³⁵] "煎炸"

4-11 ◆周城

面粉煎炸的食品。用面粉、红糖加水混合后造型，油炸制成，有的状如金菊。常在祭祀中使用，供奉后即分食。有时也会加入 [tsɯ⁴²] "枳"（见图 8-41）做配料，炸成小方块状。

4-15 ◆下关

[tɯ³¹ɕi³⁵tse³⁵mi³²] "豆面饼"

新鲜蚕豆加糯米面制成的小圆饼。农历三四月间，蚕豆成熟后，将豆子剥出煮熟，捣烂加入糯米面后油煎而成。吃时蘸红糖。

4-14 ◆周城

[tse³⁵mi³²] "糯米饼"

糯米制成的饼。糯米面加水揉成饼状后在油锅中煎熟，常裹入白糖或红糖后卷起，切成小块食用。

[tɯ³¹pa⁴²ɕi³⁵kɔ³⁵] "豆面糕"

4-12 ◆ 下关

新鲜蚕豆加米粉制成的米糕。农历三四月间，蚕豆成熟后，将豆子剥出煮熟，捣烂加入米粉中蒸制，两层糕中间加入一层红糖。豆面糕颜色鲜绿，有蚕豆香，口感软糯香甜。

[zɿ³¹kʰue⁵⁵] "饵块"

米制品，可现制，也可制成较干的饼。日常食用的饵块为圆形薄饼，容易烤熟，烤熟后加入肉、酱、菜等食用。冬至节时做的饵块则有更多的形状，有的是用模子印了图案的小圆饼，有的则做成较大的长方块，食用时切成薄片或条状，或煮或炒。

4-13 ◆ 周城

4-18♦周城

[tsʰɣ³¹tɯ³¹fɣ⁴⁴] "臭豆腐"

通过人工发酵使豆腐表面生长出一层白色茸毛而成。家常多佐以油、盐、辣椒蒸食。在冬季常用较干的臭豆腐加盐、酒、辣椒等腌制成豆腐乳，称为 [kv³⁵sɛ³⁵] "腌酱"。

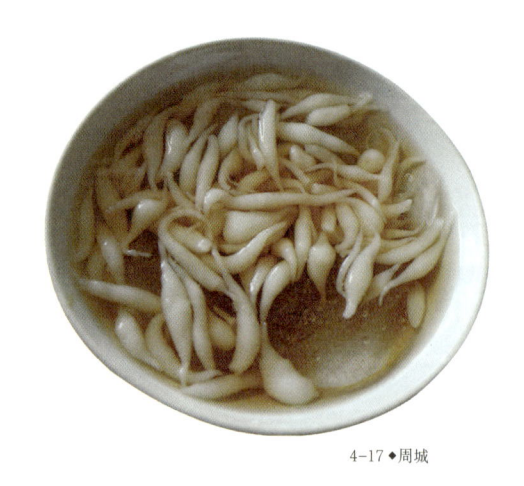

4-17♦周城

[ŋa⁴²ɕɔ⁴⁴] "凉虾"

一种米浆制成的食品。将米浆加入适量石灰水煮熟，用漏勺漏入凉水盆中而成。头大尾细，形似小虾，夏季常与木瓜水一起加玫瑰糖食用，消暑解渴。

4-16♦下关

[tɯ³¹ɕi³⁵kʰɔ⁵⁵tsa⁴²mi³²] "豆米汤圆"

新鲜蚕豆剥去豆壳加入糯米汤圆中煮成。农历三四月间，蚕豆成熟后，将豆子与汤圆一起煮食，常加腊肉、辣椒等，口味咸鲜。

[zɣ³³piɯ³¹]"乳饼"

牛奶或羊奶制成的块状乳酪，一般切片油煎食用。

4-22◆周城

[ʐo³⁵fɣ³²tsɔ²¹]"稀豆粉"

豌豆面加水煮成的糊状食品。加小葱、辣椒、花椒油、花生碎等食用。

4-20◆周城

[ʐo³⁵fɣ³²]"豌豆粉"

豌豆粉做成较稠的糊状后凝固而成。常加酱油、醋、辣椒等作料凉拌食用。

[ȵɣ³³se³²]"乳扇"

牛奶加酸水制成类似乳酪的制品。乳白色、片状成卷。可生食或煎、烤食用，是白族祭祀、供奉、喜宴中常用的特色食品。

4-19◆周城

4-21◆周城

大理白语

肆·饮食

113

4-23◆周城

[pɛ⁴²ka⁵⁵tsɿ²¹] "麦芽糖"

麦芽糖浆制成的白色硬糖。

[tsɔ²¹se⁴⁴] "茶叶"

白族喜饮茶，大理地区较有名的是碗状的下关沱茶。清末光绪年间，下关一些茶商开始将团茶制成碗状沱茶，传承至今。

4-27◆周城

[pʰu³³me³³ka⁵⁵tsɿ²¹]"米花糖"

[pʰu³³me³³]"米花"和麦芽糖浆做成的糖。在[kua³³sa⁵⁵la²¹]"绕三灵"活动中，常将米花做成彩色的圆球状或灯笼状售卖。日常食用的以方形多见。

4-24◆周城

[tɕe³³tsɿ³³]"梅子酒"

将梅子长时间浸泡在高度白酒中而成。白族喜酸，大理地区又盛产梅子，故饮用梅子酒较普遍。

[mɯ⁴⁴kuɛ³⁵tsɿ³³]"木瓜酒"

将酸木瓜长时间浸泡在高度白酒中而成。白族喜酸，所以饮用酸木瓜酒较普遍。

4-26◆周城

4-25◆周城

4-34 ◆周城

[tsʏ³³tɕe³³] **"炖梅"**

将青梅果放入坛子中，用小火慢煨，直至梅子变黑。夏季食用炖梅能消食去暑，炖梅是大理名菜 [sua⁴⁴la³⁵ŋʏ³⁵] "酸辣鱼"的重要配料。

[kʰo³¹tsɔ²¹se⁴⁴] **"烤茶"**

大理地区泡茶的一种方法。将茶叶放入瓦罐，在炭火上烤到香而不煳，再冲入开水，放一点盐，烤香的茶叶遇水激发出香气同时发出声响，因此当地汉语方言称之为"雷响茶"。

4-28 ◆周城（苏作栋摄）

[kʰu³³tsɔ²¹] "苦茶"

　　三道茶中的第一道。将糯米和茶叶分别放入瓦罐，用炭火烤出香味，再将粗盐、烤过的茶叶和糯米混合，冲入开水而成。

4-29◆周城

[sɔ³⁵tɔ²¹tsɔ²¹] "甜茶"

　　三道茶中的第二道。将生姜、红糖、蜂蜜上炭火煮一到两个小时。饮用时放入 [pʰu³¹me³³] "米花"、切丝的生核桃、[ka⁵⁵la⁵⁵] "油炸米香片"、烤乳扇等。

4-30◆周城

[xue⁴²ve⁵⁵tsɔ²¹] "回味茶"

　　三道茶中的第三道。白酒中加入红糖、蜂蜜、花椒和炭火烧过的辣椒，浸泡后制成。

4-31◆周城

4-32◆周城

4-33◆周城

[pʰu³¹me³³] "米花"

　　将糯米蒸熟后晒干再炒制使其膨胀而成。常冲泡在甜茶中使用。

[ze⁴⁴ma⁴⁴tsɿ⁴⁴] "烟丝"

　　大理部分农村栽种烟草。人们常将烟草烤制后的 [ze⁴⁴se⁴⁴] "烟叶" 切成细丝状，放入烟斗中使用，也可用纸卷成草烟使用。

117

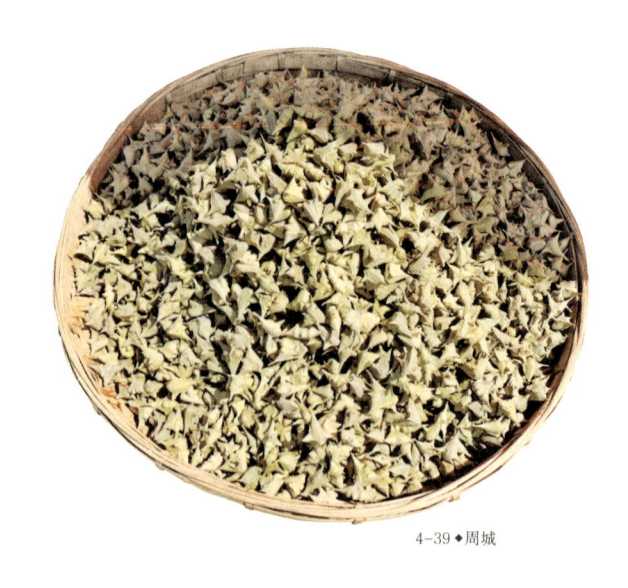

[ka³¹kuɯ⁴⁴]"菱角"

4-39◆周城

洱海中出产的野菱果实。个头较小，带尖刺。一般农历五六月采摘后煮熟食用。

[lɔ³²wɛ⁵⁵tɕo³²]"杨梅酱"

每年农历五六月间，将山上采摘的青杨梅放入石臼中舂，使肉和核分离，将果肉和果汁放入陶罐中，置小火上慢熬，直至成为黑色浓稠的杨梅酱，可常年储存而不变质。杨梅酱是吃生皮、做酸辣鱼时上好的酸味调料。

4-40◆下关

[kɤ³⁵mɯ⁴⁴kuɛ³⁵]"泡木瓜"

将本地酸木瓜泡在盐水中制成的小吃。食用时切片。也有的直接将木瓜切片之后加入盐水、紫苏等浸泡制成。能够开胃、提神。

[kɤ³⁵ɕy⁵⁵lɛ⁵⁵]"泡梨"

用梨腌制而成的一道地方小吃。将小黄梨在盐水中加糖浸泡而成，口味酸甜，具有消食解暑的作用。

4-37◆周城

4-35◆周城

4-44 ◆下关

[tɕo³²] "面酱"

　　面粉发酵后制成的酱。面粉炒制后发酵，再泡入水中，泡开后加辣椒、盐等腌制而成，炒菜时常用作调味料。

4-41 ◆下关

[kv̩³⁵tɯ³¹fv̩⁴⁴] "腌豆腐"

　　腐乳。每年冬季，将臭豆腐晾晒至稍干，加入辣椒面、姜丝、盐、酒等腌制而成，佐餐食用。

4-42 ◆下关

[to⁵⁵pɛ⁵⁵tɕa⁵⁵] "豆瓣酱"

　　干蚕豆瓣发酵后制成的酱。干蚕豆浸发后，将豆瓣剥出，自然发酵后加入辣椒面、姜丝、盐、酒等腌制而成，佐餐食用或炒菜时调味用。

4-43 ◆下关

[to⁵⁵sɿ³⁵] "豆豉"

　　黄豆发酵后制成的酱。黄豆发酵后加辣椒面、姜丝、盐、酒等腌制而成，佐餐食用或炒菜时调味用。

[kv̩³⁵ka³¹na³⁵] "泡橄榄"

　　将橄榄（余甘子，当地汉语称"橄榄"）泡在盐水中制成的小吃。能够缓解喉咙肿痛，夏季常食用。

[sv̩³³tsv̩³³] "麻子"

　　麻的种子。较大的麻子有绿豆大小，外壳薄脆，内仁清香，晒干嗑食。麻子也是凉拌菜的重要香料。

4-36 ◆周城

4-38 ◆周城

大理白语　　肆·饮食

119

三 菜肴

4-48◆周城

[tɔ³¹tɯ³¹fɣ⁴⁴xuo³⁵xɛ⁵⁵] "白花豆米汤"

　　用苍山白杜鹃花的花瓣和干蚕豆煮成的一道本地特色汤菜。白杜鹃花盛开的季节，采花晒干制成干花，食用时用水泡发，再加泡发的蚕豆煮食。白花与蚕豆都是制干后储存，所以一年四季都可食用。

4-47◆周城

[tse³⁵n̩ɣ³³se³²] "炸乳扇"

　　将本地特色食品"乳扇"放入油锅中煎炸而成的一道菜。制作时，很讲究油温，不能太高、不能太低，才能使乳扇口感酥脆而不焦。乳扇在宴客时是必不可少的一道菜，在节庆和民间祭祀活动中常用。

[kɣ̩⁵⁵tsʰɯ³¹tsʰu³³kɛ²¹] "腌菜炒肉"

多数本地人都喜欢的家常菜。白族喜酸，常用水腌菜搭配牛肉、猪肉制作小炒。

4-45◆周城

[tɕʰɛ³¹tsʰɯ³¹xɛ⁵⁵] "青菜汤"

以开水煮青菜加入油盐制作的一道汤菜。狭义的 [tɕʰɛ³¹tsʰɯ³¹] "青菜"特指一种略带苦味的绿色蔬菜，现在一般煮食的素菜汤都可称为"青菜汤"。

4-46◆周城

[kʰɔ⁵⁵fɣ⁴⁴tsʰɯ³¹xɛ⁵⁵] "海菜汤"

洱海中生长的天然野生海菜与芋头同煮制作而成的特色菜。海菜细嫩爽滑，白芋头香糯，搭配在一起，易于消化，老少皆宜。

4-49◆下关

大理白语　肆·饮食

121

[vɣ⁴⁴xɛ⁵⁵] "泥鳅汤"

  油煎过的泥鳅，加入芋头、肉皮、豆腐、木瓜、辣椒等煮成的本地菜。"泥鳅汤"与"酸辣鱼"是逢年过节、亲友相聚时最喜欢的"海味"。

4-50◆下关

[sua⁴⁴la³⁵ŋɣ³⁵] "酸辣鱼"

  木瓜、梅子等加上豆腐、辣椒等配菜和鱼共同烹制的本地特色菜。鱼以鲫鱼（长度在一个手掌左右）为优。

4-51◆下关

[tsʰu³³tɯ³¹pa⁴²ɕi³⁵] "炒豆米"

  特指以新鲜蚕豆加配菜（腊肉或蒜薹）炒至而成的一道应季小炒。蚕豆成熟的季节，青蚕豆有很多吃法，焖蚕豆、炒蚕豆米，也可以在煮酸辣鱼的时候放入新鲜蚕豆，红绿相间，增加了菜的色彩，也增加了香味。

4-52◆周城

[ka³⁵ʐo³⁵fɣ⁴⁴pe²¹] "干豌豆粉皮"

　　用豌豆粉制成的干货。豌豆粉用丝线勒成薄片，晒干即可。可油炸，也可加腌菜等煮汤食用。

4-53◆下关

[pi²¹tʰɣ⁵⁵kua⁴⁴] "芋头秆"

　　芋头的花和秆晒干而成。食用时用温水泡发，加芋头、豆子等煮成汤或糊食用，也可以作为豌豆粉汤以及酸辣鱼的配料。

4-54◆周城

4-58◆周城

[ka³⁵kɣ⁵⁵tsʰɯ³¹]"干腌菜"

水分较少的腌菜晒干而成。做八大碗中的[tɕʰɛ³⁵tsa³⁵]"千张"（即"扣肉"）时使用，家常食用也用来与豌豆粉皮煮汤。

[ka³⁵mɯ⁴⁴kuɛ³⁵]"干木瓜"

将大理本地青酸木瓜切薄片后晒干而成的酸味调料。开胃去腥，常用来煮酸辣鱼，也可炖鸡。

4-55◆周城

4-59◆周城

[kɤ⁵⁵tsʰɯ³¹] "水腌菜"

稍晾晒后的大青菜切碎，加盐、辣椒、萝卜丝等腌制而成，因成品水分较多，也被称为 [ɕy³³kɤ⁵⁵tsʰɯ³¹] "水腌菜"。常用来炒肉、做凉拌菜等。

4-57◆周城

[ka³⁵tɯ³¹] "干蚕豆"

农历三四月间收获的蚕豆挑选出较好的一部分晾干留做干菜，食用时泡发。本地人喜欢将干蚕豆与各种各样的蔬菜搭配食用，如杜鹃花豆米汤、海菜豆米汤、苦瓜炒豆米等。

[ka³⁵ɕo³⁵tsʰɤ⁵⁵] "干香椿"

香椿过水氽烫后晒干制成，一般油炸食用。

[pʰi⁴²luo⁴²pu⁵⁵] **"萝卜干"**

以晒干的萝卜条为主要原料制成的咸菜。萝卜切成薄的条状，晾晒脱水后拌入盐、辣椒等腌制而成，可做佐餐酱菜，也可加入其他食材炒食。

4-63◆周城

[tsʰu³³kua⁴⁴tsʰɯ³¹] **"炒蕨菜"**

农历三四月间从山间采摘的野生蕨菜，煮过后在水中浸泡两三日，常与蚕豆、腊肉等一起炒食。

4-61◆周城

[tsʰɯ³¹kua³⁵kɣ⁵⁵tsʰɯ³¹] **"泡萝卜"**

以新鲜萝卜制成的泡菜。萝卜泡入加有盐、辣椒、花椒、大蒜等调料的水中，自然发酵而成。

4-62◆周城

[la⁴⁴kɛ²¹] **"腊肉"**

冬季选肥瘦相间的猪肉，以盐腌制，挂在通风处自然风干而成。常切片炒食、水煮后蒸食，或与白豆炖食。

4-60◆周城

4-64◆周城

[xɛ⁵⁵kɛ²¹] "生肉"

　　猪宰杀后，用稻草生火烧去猪毛，刮洗干净，取呈黄色的猪皮和皮下一层肥瘦相间的肉，切碎，加炖梅、辣椒、萝卜丝、花生、水腌菜等凉拌或配蘸水生食。是白族人家餐桌上常出现的一道菜。

[tʰu³³pa³⁵wa³³] "土八碗"

　　旧时白族红白喜事中宴客一般用八道菜肴，故称。各地菜品不完全相同，常见的是千张、酥肉、拼盘、白豆、木耳、竹笋、粉蒸肉等。现今生活水平提高，菜品数量也已不再限于八道。

[tɣ⁴⁴kɛ²¹] "冻肉"

　　每年秋末至初春,将猪头肉、猪蹄等切碎,加猪骨,放入盐、辣椒、草果、花椒等炖煮至浓稠,放置后自然成冻。吃时上面加腌菜后倒扣入盘中。

4-69◆周城

[kɣ³⁵tɛ⁴²tso²¹] "腌猪肠"

　　冬季用猪肠、碎猪骨等加盐、辣椒、酒腌制而成。口味咸辣,常用来蒸豆腐、煮鱼等。

4-72◆周城

[tɣ⁴⁴ŋɣ³⁵tsʅ⁴⁴] "冻鱼"

　　每年秋末至来年初春,白族人家用油煎过的鲫鱼加入豆腐、辣椒等煮熟,再放置一夜,使其成冻,冷食。

4-66◆下关

[na³⁵kua³⁵ʐa⁴²ʑɣ⁵⁵xɛ⁵⁵] "焖南瓜洋芋"

将南瓜、泡发的干豆子加腊肉焖熟食用，无汤汁。

4-67 ◆周城

[tsʰɣ³³tɯ³¹] "炒蚕豆"

每年农历三月，蚕豆刚成熟时，采新鲜蚕豆，热水中煮熟后，加茴香、腊肉炒食。

4-68 ◆周城

[pi²¹tʰɣ⁵⁵kua⁴⁴xɛ⁵⁵] "芋头秆汤"

以温水泡发的干芋头秆为主要配料的炖菜。常加入豆子与腊肉一同炖，腊肉偏油偏咸，芋头秆可以充分吸油吸盐解腻。

4-70 ◆周城

4-71 ◆下关

[te⁴²sua⁴⁴xɛ⁵⁵] "猪血汤"

用水腌菜、腊肉、豆腐等与猪血同煮而成的汤菜。口味偏酸辣，当地认为这道菜具有清肺的作用。

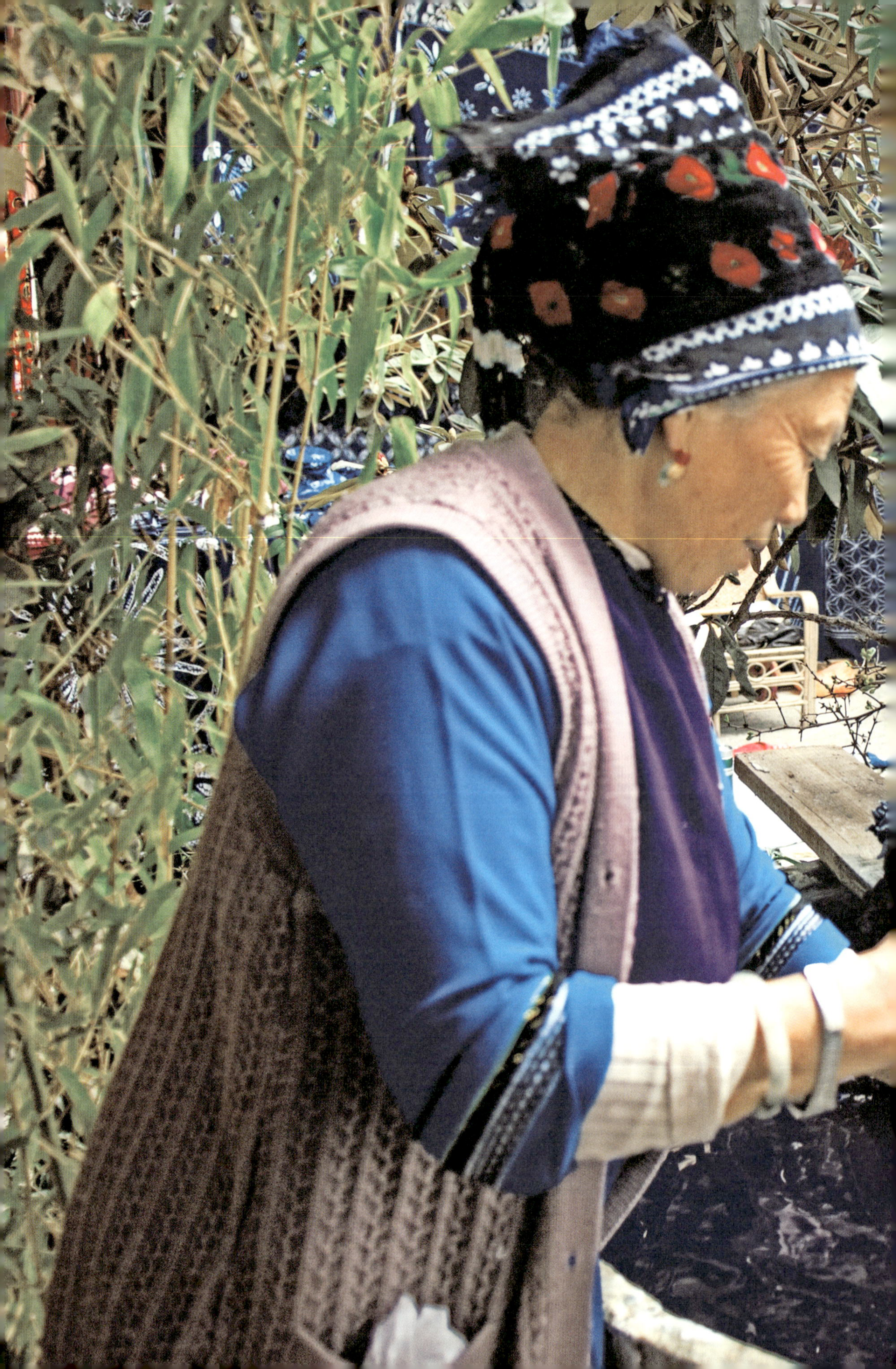

伍·农工百艺

洱海周围的白族地区普遍以农耕为主,一些临近洱海的村庄也从事渔业捕捞。洱海西面,苍山脚下至洱海边多为肥沃水田,耕种水稻,春季育秧,夏季插秧,秋收后放干水栽种蚕豆。春季食用青蚕豆,夏季收割干蚕豆,然后进行下一轮水稻种植。少量旱地主要是一些坡地,种玉米、小麦等。粮食作物以水稻、玉米、小麦、蚕豆为主,也种植少量土豆、黄豆、高粱、豌豆等。经济作物有油菜、烤烟、大蒜等。农业生产中使用的农具,其材质和形制都与汉族地区大体相同。

畜牧业主要是饲养鸡、鸭、鹅等家禽和猪、牛、马、羊等家畜。马、骡子、牛等作为畜力曾被广泛用于运输和牵引农具。围绕畜牧业产生了鲜奶加工、乳扇制作、腊肉腌制、毛皮加工等技艺。

（施作横摄）

　　除了农耕和渔业外，洱海周围村落的传统手工艺，如染布、刺绣、制毡、制银、造船等也比较发达。如周城有种植板蓝根的传统，以板蓝根为染料的扎染工艺闻名四方，成为周城的特色产业。新中国成立前，扎染的布匹就已通过马帮驮运到鹤庆、西藏，并远销印度、缅甸、泰国等东南亚国家。大理白族服饰色彩丰富，刺绣是其重要元素，从包头、上衣、围腰、裤脚、鞋、孩童的帽子到香包、挎包上都有色彩绚丽的刺绣。海东、挖色被誉为"白族服饰之乡""白族刺绣之乡"。乳扇制作和制毡工艺相传是由北方游牧民族带来的，洱海周边许多村落都掌握乳扇制作工艺。金圭寺村则是大理州制毡的非遗传承地。白族人认为银饰具有辟邪的作用，银制品工艺也比较发达，现已成为大理主要旅游纪念品。此外，泥塑和彩画工艺久负盛名，工匠经常受到周边县市地州邀请。洱海边的部分村落依旧保留着传统的木船手工制造技艺。

5-3◆周城（杨士斌摄）

一 农事

[tso⁴⁴tɕi³¹] "耕田"

用犁把田里的土翻松。现今大理坝区大部分采用农业机械化，但仍然有山区和部分坝区土地用牛拉犁来翻耕。本地不养耕牛的地区，需要从邻近山区请饲养耕牛的人来完成耕田的工作。

[ɕy³³tɕi³¹] "水田"

周围有隆起的田埂，能蓄水的耕地，多用来种植水稻。白族稻作历史悠久，水稻是主要的粮食作物。

5-1◆周城

中国语言文化典藏

[ka³⁵tɕi³¹] "旱地"

5-2◆周城

　　即旱田。常于高坡开垦，主要种玉米、蔬菜、麦子。

[tɛ⁴⁴sa³⁵] "开垄"

　　土地耕过之后按一定的距离开沟，便于栽种。

5-4◆周城

5-8♦周城(王帮旭摄)

[fɣ⁵⁵]"插秧"

大理一般一年只种两季作物，春季插秧，秋收后再翻耕土地种蚕豆。农历二月开始撒秧种、育秧苗，三月将秧苗栽入水田中。插秧主要由妇女完成。插秧的第一天要举行隆重的栽秧会（见图8-17至图8-22）仪式。

[ʐa²¹kuo²¹]"收稻子"

大理坝区一般在农历九月至十月间[sɛ⁴⁴kuo²¹]"割稻"。农历八月十五左右，稻谷即将成熟时，在稻田中开沟，把水排出，晒干田地，待稻谷完全成熟后即用镰刀收割。割下的稻谷堆放好，待晒干后即可[tɕ⁴⁴kuo²¹]"打稻子"。旧时常在田间安放[xe³¹po³³]"海簸"（图5-36），用人力拍打脱粒，现今打谷子已使用机器脱粒。

5-9♦周城(王帮旭摄)

5-7◆周城

[kua⁴⁴xuo³⁵pʰiɔ³¹] "挂红布"

果树上挂红布条，颜色醒目，可以随风飘动驱逐鸟雀。

5-5◆周城

[vɣ⁴⁴tɕʰi⁵⁵] "沤肥"

将稻草、烧稻茬儿的灰、动物的粪便等堆在一起，浇上粪水，使之自然分解发酵而成肥料。过去常在家中菜园或秋收后的田间沤肥。

[tɕe⁴²tso⁴⁴zʅ²¹] "稻草人"

稻草或布条等扎成的假人，多用来插在田地里驱赶鸟雀。

5-6◆周城

5-10 ◆后

[tɛ⁴⁴tɯ³¹]"打豆子"

水稻收割后，将土地翻耕即可 [ʑa⁴⁴tɯ³¹]"点豆"。来年三四月间，蚕豆成熟后，用镰刀 [sɛ⁴⁴tɯ³¹]"割豆"，然后就地晒干，用 [tɕi²¹kɛ³⁵]"连枷"（图 5-30）[tɛ⁴⁴tɯ³¹]"打豆子"，将蚕豆粒从豆秆上打下。剩余的豆秆，粉碎后可做猪饲料。

[pɔ³³]"簸"

筛过的谷物或蚕豆再用簸箕簸，簸起时借助风力可去除细碎的杂质。

5-13 ◆周城

[lɔ²¹]"筛"

旧时白族农村谷物或蚕豆收获脱粒后常用人力处理干净，用大小不一的筛子筛去细碎的枯枝、皮壳等。

5-12◆周城

[sɯ³⁵ʐy⁵⁵mɛ³⁵]"收玉米"

旱地常栽种玉米。农历四五月间下种，八九月成熟后即可[te⁴⁴ʐy⁵⁵mɛ³⁵]"掰玉米"。将掰下的成熟的玉米棒子用箩筐等收回家中，晒干后直接用手或用[tʰy⁵⁵ʐy⁵⁵mɛ³⁵tsʅ³⁵]"剥玉米针"（图5-31）将玉米粒剥下。

5-11◆沙坪（苏作栋摄）

二 农具

5-16 ◆届

[ta³²pi³⁵]"扁担"

扁圆长条形挑、抬物品的木质工具。用于挑水时两端可以加上 [ta³⁵ko⁴⁴ɕi³⁵] "担钩"，用来钩住水桶。

[tɯ³⁵]"箩筐"

竹篾编制的筐，扁圆形或深圆形。深而大的筐常用来装粮食。大理坝子部分地区除了肩背重物外，也用额头部位负重。大而深的箩筐可以用圆环形绳套兜住筐身，用绳套中间加宽的 [tɯ³²lo³⁵pʰiɛ⁵⁵] "顶箩片" 顶在额头上背负重物（图5-17）。小而浅的 [ŋɯ²¹tɯ³⁵] "牛箩" 则常用来装牲畜的饲料（图5-18）。

5-17 ◆周城

5-18 ◆周城

5-14◆周城　　　　　　　　　　　5-15◆周城

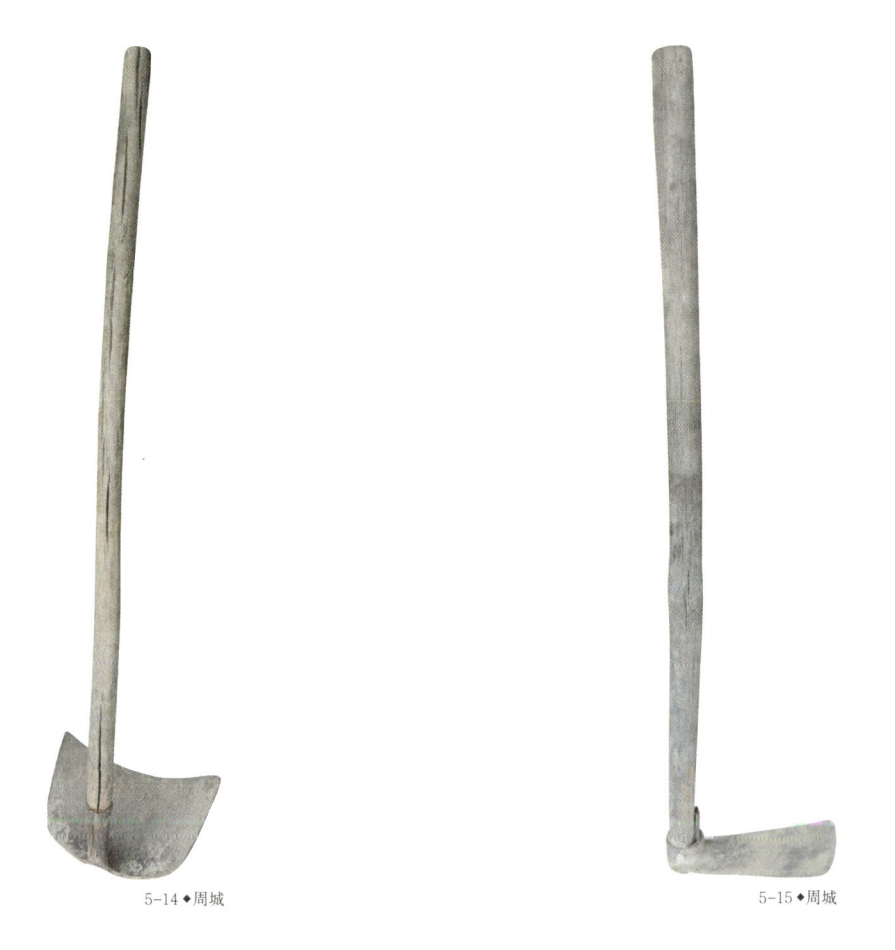

[tsɣ²¹] "锄"

　　传统的长柄农具，金属制的锄刃上有孔，可插长圆木柄。锄刃的形状、锄头大小不同，功能也有差别。锄刃扁平，呈宽长方形，并带一定弧度的 [pʰɿɔ⁵⁵tsɣ²¹] "瓢锄" 常用于挖地（图5-14）。窄条形的 [tso³²tsɿ⁴⁴tsɣ²¹] "条锄" 则常用来碎土（图5-15）。

[mi³⁵na³⁵fɣ⁵⁵] "大篾箩"

　　直径超过一米的大箩筐，常用来储存粮食。

5-19◆周城

5-25◆周城

[pʰa⁵⁵tsʅ⁴⁴]"耙子"

归拢或散开谷物、柴草或平整土地用的传统农具，柄长，一端有齿。带铁齿的 [tʰe⁴⁴pʰa⁵⁵tsʅ⁴⁴]"铁耙"常用来扒开堆积的农家肥、平整土地。木齿的 [sʌ⁴⁴lʌ⁴⁴pʰa⁵⁵tsʅ⁴⁴]"木耙"常用来耙晾晒的谷物或畜圈中的肥。

[nʌ̩³³]"背篓"

可以背的竹篾篓。日常使用的背篓形状小巧，编扎细致，可背负少量的蔬菜、粮食及其他物品（图5-20）。眼较大的 [tɔ³¹we³³nʌ̩³³]"大眼箩"，则常用来背大件物品（图5-21）。

5-20◆周城

5-21◆周城

5-22 ◆周城

[me³³tsʰɔ⁵⁵] "马车"

    马拉的车，大理坝区常见，过去常为农用，现今常在景区载游客。

5-24 ◆周城

[tsa³⁵tɔ⁴⁴] "铡刀"

    切稻草、树枝、根茎等的大刀具。在底槽上安刀身，刀头部分固定在底槽上，刀把可以上下提压。

[ʑi³⁵ta³⁵mɔ³³] "柴刀"

    砍柴用的砍刀，常为铲形、铁制。

5-23 ◆周城

5-28◆喜

[ɕy³³tsʰɔ⁵⁵]"水车"

  利用水力的工具。圆形的水车一般直径两三米。苍山十八溪溪水旁的村庄，水车可以利用溪水的冲力带动石磨磨面、磨米，或带动碓舂糯米面。旧时也有外形狭长的龙骨水车，可近距离引水灌溉农田。

[tɕi²¹kɛ³⁵]"连枷"

  由一个长木柄和四五根短木条构成，常用来脱蚕豆粒。手执长木柄，甩动短木条来拍打堆放好的已晒干的蚕豆秆，使豆粒与豆秆分离。

5-29◆周城

[tʰɣ⁵⁵ʑy⁵⁵mɛ³⁵tsɿ³⁵] "剥玉米针"

剥玉米的工具。由木制柄和尖锐的钢钉制成，钢钉宽度大致为一粒玉米的宽度，可使玉米成列剥落。

5-30 ◆周城

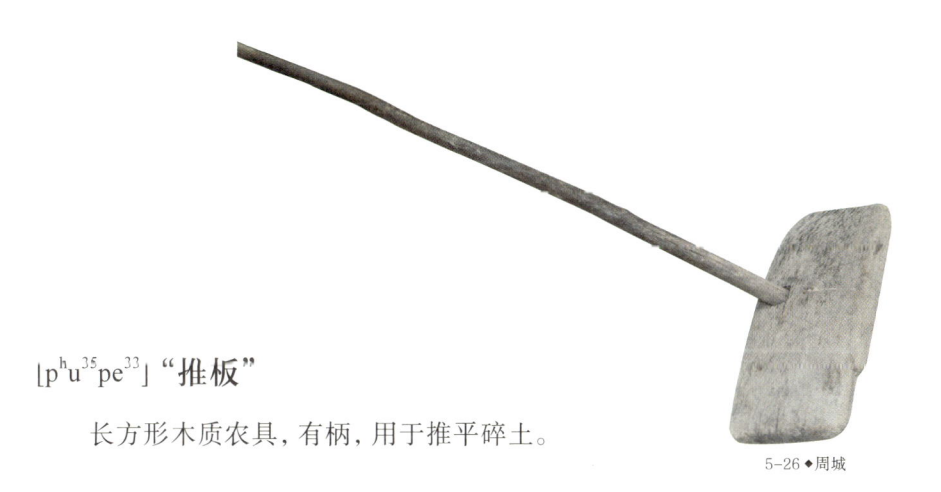

[pʰu³⁵pe³³] "推板"

长方形木质农具，有柄，用于推平碎土。

5-26 ◆周城

5-27 ◆周城

[tɕi³⁵kɯ³¹] "犁"

耕地的农具。白族地区使用犁辕弯曲的曲辕犁，犁铧为V形，一般用两头牛并排牵拉，即"二牛抬杠"式耕作，后面有一人扶犁，控制方向和犁铧入土深度。

145

5-36◆周城

[xe³¹pɔ³³] **"海簸"**

竹篾编制的大型敞口农具,直径超过一米。收获季节时放在田间,用人力在其边沿上摔打谷物使之脱粒。

5-31◆周城

5-33◆周城

[lɔ²¹se³²] **"筛子"**

竹篾编制的圆形工具,有漏孔。漏孔较大的 [tsʰɣ⁵⁵lɔ²¹] "粗筛"(图 5-31)常用来筛蚕豆。漏孔较小的 [mu³²lɔ²¹] "细筛"(图 5-32)常用来筛颗粒较小的籽实。竹制边框,细纱状筛网的 [sɔ³⁵lɔ²¹] "粉筛"(图 5-33)常用来筛米粉、面粉等。

5-32◆周城

5-34◆周城

[fv³³tsʰɔ⁵⁵] "风车"

使用人力鼓风以去除水稻等农作物籽实中的杂质、瘪粒、秸秆屑等的木制传统农具。

[mi²¹pu⁴²] "晒簋"

竹片编制的长方形晒簋，用于晾晒辣椒、干菜等。

[so⁴⁴kʰɛ⁴⁴] "索扣"

类似三角形的系绳工具，中间有孔使绳穿入。

5-37◆周城

5-35◆周城

5-40◆周城

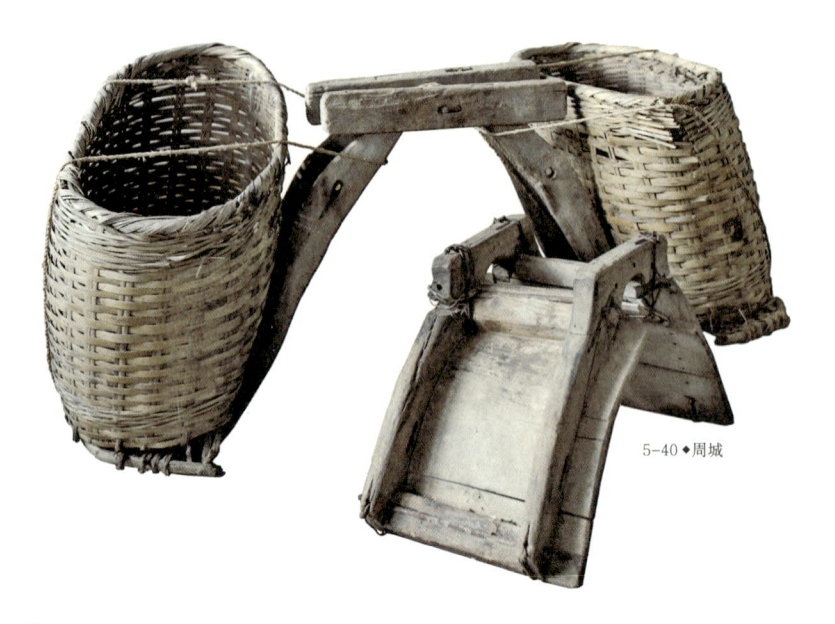

[tɕa⁴⁴tsʅ³¹pɛ⁴²]"驮架"

　　用马驮重物时,要在马背上架上弧形的 [a³⁵kʰɛ⁴⁴]"马鞍"（图5-40中前排）,马鞍上面放驮架,驮架两侧常有两个箩筐放重物,也可直接将物品捆放在驮架的两边。

[ʑa⁴⁴tɯ³¹tsua³⁵]"点豆桩"

　　种蚕豆用的木制工具,有的是T形,有的是L形,一端稍尖,点蚕豆时用点豆桩稍尖的一端在土地上按出一个小洞,将蚕豆点入再覆盖土。

5-39◆周城

5-41◆周城

5-42◆周城

[vɣ̠³³tɕa⁴⁴] **"背架"**

木制的架子，将物品置于背架上，用绳索捆缚固定，便于装载背负物品。

[tʰɔ⁵⁵ku²¹] **"嘴套"**

竹篾编制而成，两端连在笼头或缰绳上，套在牛、马等牲畜的嘴上，防止其啃食农作物的用具。

[vɣ̠³³so⁴⁴kʰɛ⁴⁴] **"绳架"**

背负重物时将绳索系于索扣再从绳架的开门处穿出，这样绳子就不会直接勒在肩头。

5-38◆周城

大理白语　伍·农工百艺

149

三 手工艺

5-46◆周城

5-48◆周城

[tsŋ⁵⁵ŋɣ⁴⁴tɕo³²] "做木工"

　　白族传统民居为土木结构建筑，房屋的整体架构都需木匠完成。大理地区的木匠也奉鲁班为祖师。木工常用的工具有：测量和画线使用 [mu⁴⁴tɯ³¹] "墨斗"（图5-45）、[ŋɣ⁴⁴tɕo³²tsʰŋ⁴⁴] "鲁班尺"（图5-46），推木料使其平滑的 [tʰue⁵⁵tɯ²¹] "刨子"（图5-47），锯割木料的 [fv³¹tsʰe⁴⁴] "锯"（图5-48），用于架起木料的 [sa³⁵tɕo⁴⁴tɯ²¹] "木马"（图5-49）等，形制均与汉族地区一致。

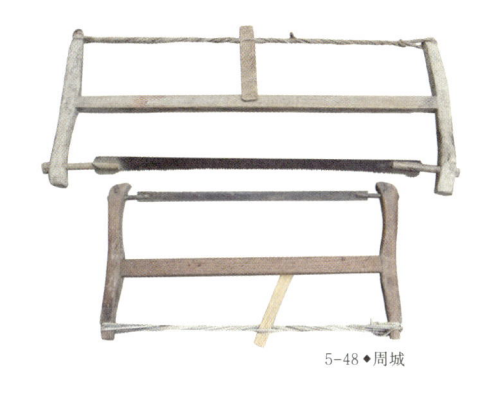

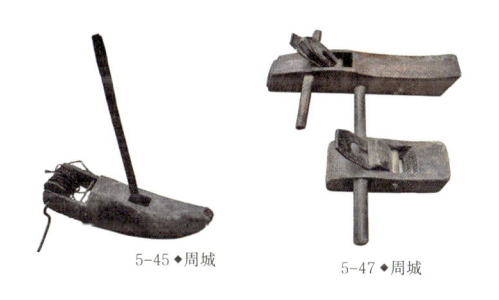

5-45◆周城　　5-47◆周城

[kʰɛ³⁵tso⁴²kʰue⁵⁵] "刻石"

　　雕刻石头。白族地区的石雕制品主要是门墩、墓碑等。

[tsŋ⁵⁵po²¹le²¹] "制坯"

　　制陶的一个步骤，把黏土放在底座上，转动底座的同时用手塑形制成泥坯。而后将泥坯放入窑中烧制，火候、时间都由经验丰富的工匠把控。

5-43◆周城（施作模摄）

5-44◆凤仪（杨建伟摄）

[pi³⁵nɣ³³]"编箩筐"

用竹篾编制箩筐。先用一尺余长、单边开刃的 [pe²¹mi²¹ʑi³⁵ta³⁵mɔ³³]"剥篾刀"削刮加工篾条。加工好的竹篾按一定形状经纬交错编制成各种箩筐。

5-50 ◆周城

[pi³⁵mɯ⁴⁴kua⁴⁴tɯ³²mɯ³²] "编草帽"

　　用麦秸秆编制草帽。白族农村男女外出或做工常戴麦秸帽。麦秆编草帽是一项传统手工艺，现在在大理市太和村、凤阳邑村一带还常能见到老年人闲暇时编草帽。

5-51 ◆ 下关（施作模摄）

5-54◆周城

[tsɿ⁵⁵ŋe²¹]"做鞋"

　　传统白族服饰中的鞋都需要手工制作。制鞋时需将 [ŋe²¹ʐo⁴⁴]"鞋样"固定在制鞋用的模型 [ŋe²¹kʰue⁵⁵]"鞋楦"上，整理好形状，再取下加上纳好的鞋底，然后将鞋套在 [kʰue⁵⁵ŋe²¹tsɿ³³tɯ³⁵le²¹]"铁拐子"上，鞋底朝上，修整鞋型。

[tɕe³¹tɯ²¹pɔ²¹]"理发"

　　专指男子修剪头发。

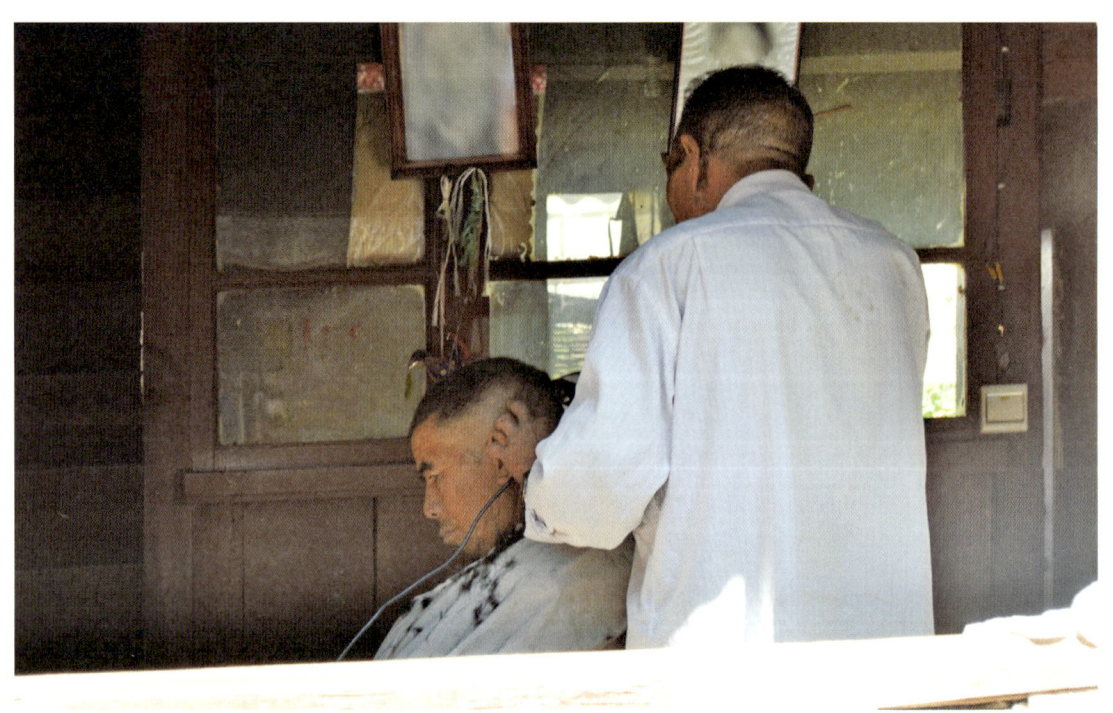

5-52◆周城（王帮旭摄）

[pu³³tɕi²¹pʰo⁴⁴] "锔镯子"

玉镯断裂后常用金丝或银丝锔合在一起。

5-55 ◆ 周城

[tsʰɛ⁵⁵fɣ³⁵pʰu³¹tsɿ⁴⁴] "裁缝铺"

缝制衣裤的店铺。过去，人们日常穿着的衣物都是由裁缝量体裁衣制成，现今大理市内大多数白族地区的年轻人日常均购买汉族服饰穿着，村镇中的裁缝铺则主要缝制一些传统服饰和老年人的服装。

5-53 ◆ 周城

5-58◆周

5-57◆周城

[tsɯ⁴⁴pʰiɔ³¹] "织布"

  旧时用传统的木制 [tsɯ⁴⁴tɕi³⁵kɯ³¹] "织布机" 手工织布。先用 [tsʰe⁴⁴xɔ³⁵tsʰɔ⁵⁵kɯ³¹] "纺车" 纺出纱线（图5-56），再将纱线引入木质的 [tsʰua⁵⁵pe²¹] "梭子"（图5-57）。用梭子引棉线在织布机上往复织出经纬交替的布匹（图5-58）。旧时布料都是手工织成，现今除了一些特殊的工艺品用手工织成，其余均直接购买机织布进行加工。

5-56◆周城（张云霞摄）

[ʑɯ⁵⁵xuo³⁵] "印花"

5-60◆周城

扎染工序之一。将塑料图版平放在白布上,用刷子蘸蓝色染料刷塑料图版,染料从图版上镂空的部分浸染到白布上,印图即成。

[tsʅ⁵⁵tʰu⁴²pa³³] "绘图制版"

扎染工序之一。在图纸上绘出图样,用钢钉照着图样在一块塑料布上戳出小洞。传统的扎染图案多为蝴蝶、梅花、菊花、马牙边、水波,或是简单的几何图形。现今的扎染绘图,除了继承传统外,还可将普通的手绘图形制版。

[tsa³⁵xua⁴⁴] "扎花"

扎染工序之一。用粗针线沿着绘制好的图案边沿缝扎。扎好后的布料因扎法差异而形成不同的形状。

5-59◆周城(王帮旭摄)

5-61◆周城

5-62◆周城（王帮旭摄）

[ze³³pʰiɔ³¹] "染布"

　　扎染工序之一。将缝扎好的布放进染缸中浸泡。染料都从植物中提取，最常见的染料是提取自板蓝根的 [na²¹] "蓝"，现今又开发出其他颜色的天然染料，如咖啡色提取自核桃皮，浅黄色提取自洋葱皮，亮黄色提取自栀子果，土黄色提取自石榴皮。有的染料以低温提取，有的染料以高温提取。染的次数决定了成品颜色的深浅。

[xɔ³¹pʰiɔ³¹] "晾晒"

　　扎染工序之一。将浸泡好的布从染缸中取出，挂在通风的地方，用几天晾干。

5-63◆周城

5-66◆周城

[po³²tsɯ⁴⁴] "绷子"

　　刺绣时使用的绷紧布片的用具。传统的为竹制，一大一小。将画有图案的布料铺在小环上，再用大环套上绷紧，使布平整，方便刺绣。

5-68◆周城

[tuo³⁵xuo³⁵] "戳花"

　　一种绒绣针法。在特制的网眼纱布上用专门的针把绒线绣到画好的图案中。针刺下去又提上来，在后布的背面会形成一个个线圈，绣完后用剪刀把线圈剪断即可。

[ze³³pʰiɔ³¹xɔ³¹] "染坊"

　　专门染布的作坊。染坊内有染缸、搅动染料的木棍、将布压平整的石碾。染布是周城一带重要的传统手工业，村中有多个家庭染坊。

5-64◆周城

[tʰe⁴⁴pʰiɔ³¹]"拆布"

　　扎染工序之一。经过十多次的反复浸泡染料和晾晒之后，将缝扎的线剪断，把布拆开，图案可见。

[xua⁴⁴xuo³⁵]"画花样"

　　在布料上描画刺绣图案。白族服饰中大量使用绣花，绣花前需请专人在布上画花样。所绘图案多为寓意吉祥的牡丹、佛手、石榴、菊、桃、梅、竹等及狮、虎、龙、凤、金鱼、公鸡、松鼠、蝴蝶等。

[tsʰa⁵⁵tɕʰɛ⁴⁴]"插绣"

　　一种刺绣针法。层次穿插的绣花针法，绣出的花鸟颜色有渐变的层次感。插绣图案立体感强、布面平整。白族民间传统的被面、枕套、衣襟、围裙、口水兜上的图案，多用插绣针法。

5-67◆周城　　　　　　　　5-69◆周城

5-72◆周城

5-71◆周城

[tɛ⁴⁴tsʐ³³xuo³⁵] "打子绣"

　　一种刺绣针法。下针时先将线顺着一定的方向缠绕两三圈，再将针从缠绕的圈中间穿过，绣出的每一针都有一个小线头，立体感更强。普通的绣样中常用这种针法绣花朵的花蕊，也有整个图案都用这种针法绣成的作品。缝制的绣品凹凸有致，结实耐用。

[tɕʰɔ⁴⁴xua⁴⁴] "挑花"

　　用经纬交织搭十字的针法绣出图案。绣品色彩对比鲜明，图案细致平整，老年人的围裙飘带常用单色白线在蓝色底布上用此针法绣出蝴蝶、八角花等图案。此外，鞋垫、枕套、口水兜等也常采用此针法。

[pɛ²¹tɕʰɛ⁴⁴] "平绣"

　　一种刺绣针法。分层次的刺绣，但层次与层次间不相互穿插，图案饱满，色彩艳丽，且有一定的厚度。白族女子的鞋面、童帽上的图案多用平绣针法绣成。

[tɕʰo⁴⁴tse²¹] "翘花"

　　一种刺绣针法。用后一针紧接前一针的针法绣出图案。该针法强调图案的线条和轮廓，一般用于老年人的围裙带。

5-70◆周城

5-73◆双廊

5-74◆双廊　　　　　　　　　　　　　　　　　　　　　　　5-75◆双廊（王帮旭摄）

[tsɿ⁵⁵n̠ʑv³³se³²] **"做乳扇"**

　　乳扇是白族地区的一种特色乳制品。制作乳扇的第一个步骤是 [ne⁴⁴sua⁵⁵ɕv³³] "拿酸水"，将牛奶自然发酵后只取其中的酸水储存。制作乳扇时，将储存的酸水煮开，加入新鲜牛奶，称之为 [tiɛ³³ŋɯ²¹pa⁴²] "点牛奶"，将新鲜的牛奶再在锅中一边煮一边用瓢按压，使之凝结在一起，即 [ka³²n̠ʑv³³se³²] "擀乳扇"（图 5-74）。之后将酸水中凝结在一起的团状乳酪用手按压成块状，即 [tsʰv⁴⁴n̠ʑv³³se³²] "出乳扇"（图 5-75）。再将成块的乳酪趁热取出，顺着一个方向拉扯缠绕在两根竹竿上（图 5-76），最后将绕好的乳扇放到阴凉通风的地方 [so⁵⁵n̠ʑv³³se³²] "晾乳扇"即成。

5-76◆双廊

[tsɿ⁴²tse³⁵] "制毡"

　　制作羊毛毡。制毡的第一个步骤是 [tsɿ⁴²ʐo²¹ma²¹] "分羊毛"，将收购的颜色不一的羊毛用人工按色分拣备用。用传统的弹棉花的方法 [ta²¹ʐo²¹ma²¹] "弹羊毛"（图 5-77），使之蓬松，去除杂质。再将弹好的羊毛铺成一定的形状，称之为 [pʰi⁴⁴tse³⁵] "铺毡"。在铺好的羊毛上浇热水

5-79◆周城

5-77◆喜洲　　5-78◆喜洲

定型，用竹帘卷起，用手或脚来回 [ka^{32}tse^{35}] "擀毡"（图5-78），使羊毛密实。旧时的羊毛毡，大多加工成毯子、毡帽等。不染色，但可依靠不同颜色的羊毛拼出简单图案。现代会在擀好的羊毛毡上用毛笔蘸面糊 [xua^{44}tse^{35}xuo^{35}] "画图"（图5-79），再染色，色彩更加丰富。一些村子的制毡工艺远近闻名。

5-80 ◆ 双廊（赵思恩供图）

5-82 ◆ 双廊

5-81 ◆ 双廊（赵思恩供图）

5-83 ◆ 双廊

5-84◆双廊 　　　　　　　　　　　　　　　　　　　　　　　　　　　　　　　　5-85◆双廊

[tsa⁴⁴ʑe²¹]"造船"

　　手工造船首先要将造船的木板按一定的形状制成板材，将制作船头和船尾的木板用火烤，使之弯曲成一定的弧度，即 [kʰo³³ʑe²¹pɛ³³]"烤船板"（图 5-80）。然后是 [tsŋ⁵⁵ʑe²¹kuu³⁵tɕa⁵⁵]"做船骨架"（图 5-81），做船的内部构架。再 [tsŋ⁵⁵sŋ³³zi³⁵]"揉麻丝"（图 5-82），将麻晒干后的茎皮揉搓后使麻丝分开。再将蓖麻油、灰和水按一定的比例混合，人工捶打成结合紧密的油灰，称之为 [tɛ⁴⁴ʑɯ²¹xue³⁵]"打油灰"（图 5-83），油灰黏性强且防水。船板固定在船的骨架上后，在木板之间会留有窄缝，窄缝处需 [tsa⁴⁴sŋ³³zi³⁵]"塞麻丝"（图 5-84），然后在塞紧麻丝的接缝处 [pɯ⁴⁴ʑɯ²¹xue³⁵]"抹油灰"（图 5-85），造船工作基本完成。船造好后需择吉日 [tʰɯ⁵⁵kɔ²¹]"下海"（图 5-86），举行仪式试水，成功后再安装桅杆和船帆（图 5-87）。过去渔船均为手工制作，大理海东双廊镇至今仍保留着白族传统的手工造船技艺。手工造船费时费工，需两三人合作数月才能完成。现今渔民大多改用铁皮船。

5-87◆双廊（赵思恩供图）

5-88◆居

[tʰu³³tsa³⁵pʰu⁵⁵]"杂货铺"

　　卖副食、土产、日杂用品的小店铺。

[tɕʰy⁵⁵kv̩³¹]"杆秤"

　　称重的器具，根据杠杆原理制作，由[tɕʰy⁵⁵kɯ⁵⁵lɯ⁵⁵le²¹]"秤钩"、[tɕʰy⁵⁵tu²¹le²¹]"秤砣"、[tɕʰy⁵⁵pa²¹]"秤盘"、[tɕʰy⁵⁵ka³¹kua⁴⁴]"秤杆"组成。秤杆上有[tɕʰy⁵⁵xuo³⁵]"秤花"标记刻度以计算重量。

中国语言文化典藏

5-92◆周城

168

5-91◆周城

5-89◆周城

[xo⁴⁴le²¹]"招牌"

  旧时店铺门口常挑出布质幌子，现今为招牌。

[te⁵⁵ɕɔ⁴⁴tɕe⁵⁵]"代销店"

  村中的小卖部。售卖糖果、点心、日用品等的小店铺。常开在家中。

[tsʅ³³tɯ³⁵]"摊位"

  集市中在桌面上陈列货物的摊子。

5-90◆周城

169

五、其他行业

5-96 ◆金

[ŋv³³tso³⁵]"拉网"

　　最常见的捕捞工具，长方形大网。网片约数十尺或数百尺长，下设坠，上有浮。两端系长绠。捕捞时，将一端绳绠拴在岸边，然后以舢板载网和另一端绳绠，撒网于海面，再引绳绠上岸。

[we³²fv⁵⁵]"养蜂"

　　一些农家常在房前屋后放置蜂箱养蜂收蜜。

5-93 ◆下关

[kɛ⁴⁴ŋɣ³⁵ȵi²¹]"打鱼人"

5-95◆挖色（杨士斌摄）

捕鱼为生的人。洱海沿岸的很多村庄都以打鱼为生，过去还有一些渔民几乎全靠捕鱼生活，以船为家，吃住都在渔船上。

[xa⁵⁵ŋɯ²¹mɛ³³]"放牧"

把牲畜放到草地等处吃食和活动。白族以农耕为主，但也饲养马、牛、羊、猪，背靠苍山而居的村庄，具备放牧的条件。苍山上开阔的高山草甸是大型的放牧场地。

5-94◆花甸坝（施作模摄）

[ŋɣ³⁵tɯ³⁵ku²¹] "鱼篓"

装鱼的小竹篓。

5-100 ◆周城

[kʰa⁴⁴xɔ³⁵tso⁴⁴] "锥形渔网"

　　海中捕鱼的竹制锥形渔网。用竹子扎成锥形，底端织网，下网时拎住顶部，将底部沉入水中，待鱼虾落网即可从水中拎出。

5-98◆沙村

[ʑe⁴²tso³⁵] "罾"

　　用竹竿做支架的方形渔网。将正方形纱网的四角固定在十字交叉的竹竿的四端制成。下网时,有的人在网中放饵料,也有的人直接放空网下水,等鱼虾落网后起获。常用来捕较小的鱼虾。

[ɕe³⁵le²¹] "鱼筌"

　　一种竹制的捕鱼器具,口大颈细,腹大而长,颈口上装有倒刺,鱼只能进而不能出。常用于河沟里捕鱼。

5-99◆上关

5-101 ◆双廊

[ʑe²¹su⁵⁵] "渔船"

　　打鱼的船，过去多为手工制作的木船，现在一般是铁皮船。

[xɔ³¹ŋɣ³⁵pɛ²¹] "晒鱼场"

　　晾晒捕获的鱼虾的场地，常在村子与渔场中间。

5-102 ◆挖色（施作模摄）

[tɕ⁴⁴ȵi²¹] "打银"

打银器。白族地区盛行银饰，故打银器的工匠和作坊较为常见，可制作蛇骨链、扭丝银镯、耳环、簪子等。

5-104◆周城（段树金 供图）

[ko⁴²tsʅ³³] "酿酒"

现今在一些村庄中有家庭式的 [ko⁴²tsʅ³³xɔ³¹] "酿酒作坊"，多用 [ko⁴²tsʅ³³tɕi⁴⁴tɕʰi⁵⁵] "酿酒机"来酿酒。

5-103◆周城

大理白语　伍·农工百艺

175

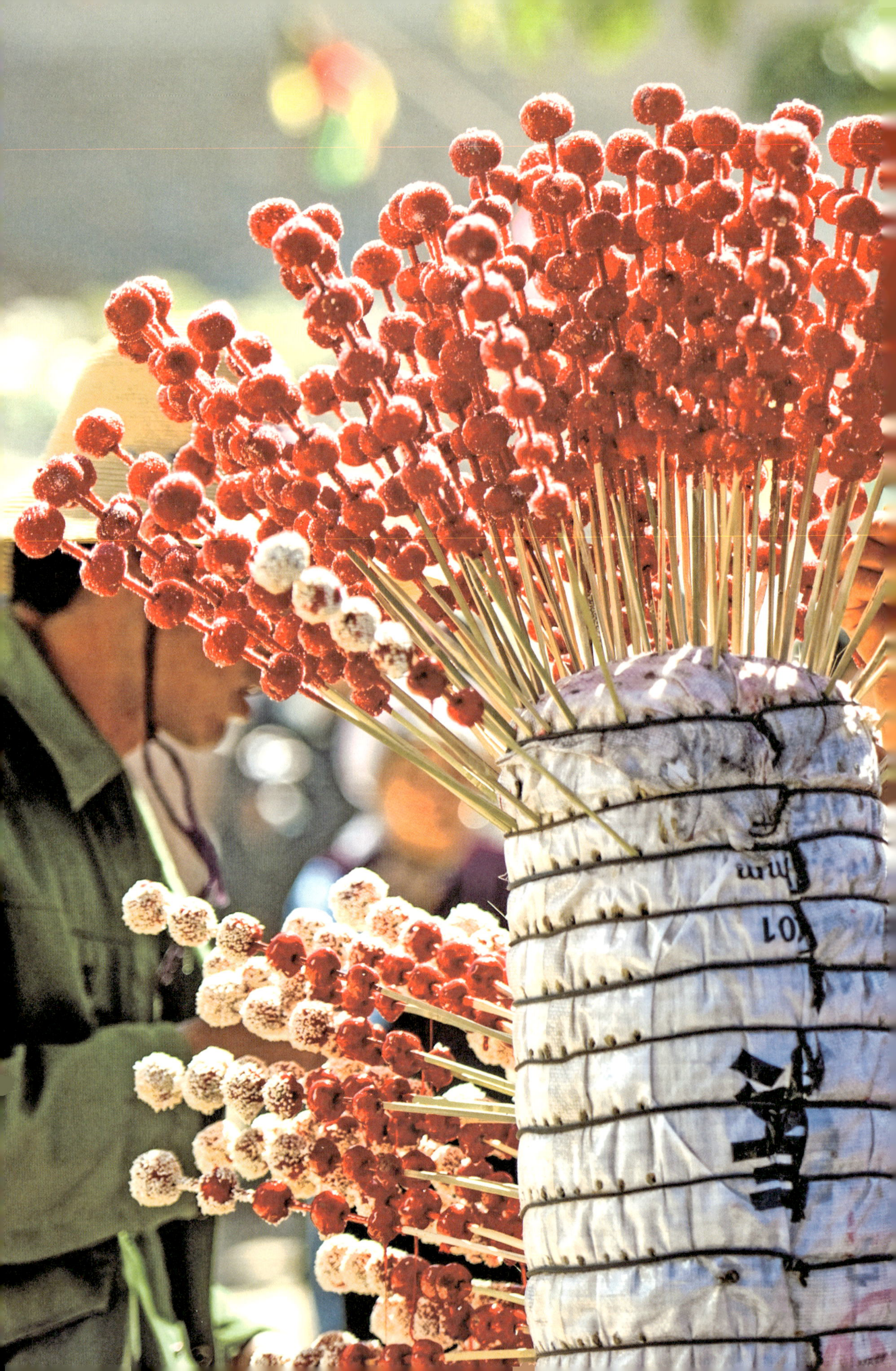

陆·日常活动

洱海周围的白族人民勤劳淳朴，民间俗谚有云 [ke³⁵mɛ²¹ʐɯ⁴⁴tsʰa⁵⁵，sʮ³³mɛ²¹ʐɯ⁴⁴pe³³]"鸡叫吃早饭，鼠叫吃晚饭"，是白族人日出而作、日落而息的生活写照。

白族民间敬老爱幼的传统常体现在宴客、祭拜、婚丧嫁娶等活动中。

白族普遍信仰本主，大黑天神是大理地区白族普遍供奉的本主神，此外，还有一些历史人物、民间英雄会被白族人供奉为本主，有的一个村供奉一位本主，有的几个村供奉一位本主，还有的一个村供奉不止一位本主。白族人在年节或婚育、升学等重要的时刻都会去祭拜本主，求得本主的庇佑。日常的供奉活动主要由老年妇女组成的莲池会和老年男性组成的洞经会来完成。在各种宗教节日中，莲池会的妇女会念诵经文，洞经会的男子也会常谈演洞经。寺庙中供奉的神像除了本主外，还有释迦牟尼、观音、财神、地藏王、药王、关公、山神土地等，村内外还有一些小的将军庙、姑奶庙等供奉各种神灵。以周城村为例，村内有南北两座本主庙，分别供奉两位本主，南

北本主庙中间的龙泉寺,门匾上书"二教同源",体现白族民间信仰的特点。

除此之外,村里还有法师、算命先生、看香火的人。他们各司其职:法师在红白事中主持法事,诵经祈福;算命先生为人测字,看办红白喜事的日期;看香火的人则主持一些"通灵"仪式,为人"驱邪"。

白族村落的一个重要标志即大青树。村中种植的大青树,大多有数百年的树龄。过去,大青树附近常建寺庙和戏台,大青树下是老百姓茶余饭后休闲聊天的场所。现今大青树下的场地也常辟为集市。

白族民间的文艺活动主要有演唱大本曲和跳霸王鞭,在重要的节日庆典中常有表演。一些传统的儿童游戏和玩具虽然还在传承,但随着电视、手机、网络的影响,青少年日常的娱乐活动也越来越多地使用电子产品。

一起居

6-2◆周城

[tɕɯ⁴⁴tsʅ³³] "敬酒"

　　家中结婚、新屋落成办喜事时，主人常常会给客人敬酒。主人先作揖，客人起身还礼举杯至额，再饮酒，主人添酒，反复两次，主人再作揖，客人作揖还礼落座。

[tsɔ²¹tɕy³⁵tsɔ²¹ku²¹] "茶具"

　　喝茶用具。常见的是陶土烧制的罐子和茶杯。

[ɣɯ³³ʑe⁴⁴ma⁴⁴tsʅ⁴⁴] "抽旱烟"

　　一般指将旱烟丝放于旱烟锅中抽吸。

6-4◆周城　　　　　　　　　　　　　　6-5◆周城

6-3◆周城

[xua⁵⁵tsʰue⁴²] "划拳"

  饮酒时助兴取乐的游戏。两人面对面同时伸出手指并各说一个数，若说的数目跟双方所伸出的手指的总数相符，则算赢，输的人喝酒。划拳时常有一些固定的酒令，有时行白语酒令，有时行汉语酒令。

[ta⁴²pʰi⁵⁵xuo³¹] "打拼伙"

  民间团体或亲友间定期或不定期举行的聚餐，多在农闲或白族传统节庆期间进行。过去物资匮乏，大家凑食材聚餐，现在一般凑钱统一采购食材。寺庙、老年协会、野外都可以作为聚餐地点。

6-1◆周城

6-6◆周城

[ɣɯ³³lo³²pi⁵⁵tʰɤ³³ʑe⁴⁴] "吸水烟"

　　水烟丝放在烟嘴处，烟筒中放水，大口抽吸。使用的 [lo³²pi⁵⁵tʰɤ³³] "水烟筒" 过去多为竹制，现在多为不锈钢材质。水烟筒一侧有烟嘴，可放烟丝或卷烟，筒内放水，吸烟时烟气经过水之后吸上来，同时会发出咕咕的声音。

6-8◆周城

[pi³⁵tɯ²¹ma³⁵] "梳辫子"

　　白族女性日常会梳辫缠绕于头帕上盘于头顶。

[sɿ̣³¹tsʰue⁴⁴] "梳髻"

　　旧时已婚女性的一般发式。现在一般是老年妇女或新娘在婚礼后第一天换装后的发型。

6-7◆周城

中国语言文化典藏

182

6-9◆周城

[va⁵⁵ȵi⁴²tɕʰɯ⁴⁴tsɯ³¹ɛ³³] "大青树下"

大理坝区每一个白族村落都会在村口种一棵大青树（白语称之 [va⁵⁵ȵi⁴²tɕʰɯ⁴⁴tsɯ³¹] "万年青"），大青树下通常为村民集会、闲时聊天的场所。

[tsʅ³³pɛ²¹tsa⁴²] "集市"

一些小镇会有定期的集市，赶集日期通常以阴历计，传统上每隔十二天或七天有一次集，现在也有三日或五日一次集。周城村是人口最多的白族自然村，每天都有从早晨持续到下午的集市。集市通常在村子正中的大青树和戏台附近，主要售卖农副产品、蔬菜、土杂用品等。

6-10◆周城

6-12 ◆尼

二 娱乐

[lɔ³⁵tɛ³⁵kɛ⁴⁴mɯ⁴⁴tsɿ⁴⁴] "捉迷藏"

  一种儿童游戏。在固定范围内,一个人蒙眼扮捉人者,其他人站定不动,捉人者摸到其中一人游戏即结束,被摸到的人扮下一轮的捉人者。

[ʑi³⁵tɕɯ⁴⁴tɯ³³kʰɣ⁵⁵ne²¹ʑɯ⁴⁴] "石子棋"

  一种棋类游戏。下棋双方各有 5 个棋坑,每个棋坑放 5 颗棋子。先走的一方可以任选一个棋坑的棋子,按顺时针或逆时针方向,每经过一个棋坑放一颗棋子,直至出现一个空的棋坑,则可以吃到下一个棋坑里的棋子。双方交替,直至分出胜负。棋子常常是石子儿或蚕豆、黄豆等。可以锻炼玩家的计算和推理能力。

6-11 ◆周城

6-13◆周城

[se⁵⁵ke³⁵tsɿ⁴⁴wa³²se⁵⁵lio⁴⁴lio⁴⁴] "老鹰捉小鸡"

  一种多人参加的游戏。一个人扮老鹰，其余人在扮母鸡的人身后扮小鸡并排成一列，后面的人牵着前面的人的后衣襟。游戏开始后，老鹰来抓小鸡，母鸡保护小鸡，老鹰抓到所有小鸡后游戏结束。

[piɛ³⁵sɯ³³tɕɯ³⁵] "丢手绢"

  一队人排成圈蹲下，一个人拿着手绢绕着圈外走，悄悄将手绢丢在其中一人的身后赶紧继续绕圈奔跑。身后被丢了手绢的人发现后起身追赶丢手绢的人，丢手绢的人跑到被丢手绢人的位置时仍未被抓住，赶紧蹲下就赢得胜利，如中途被抓住则算输。

6-14◆周城

185

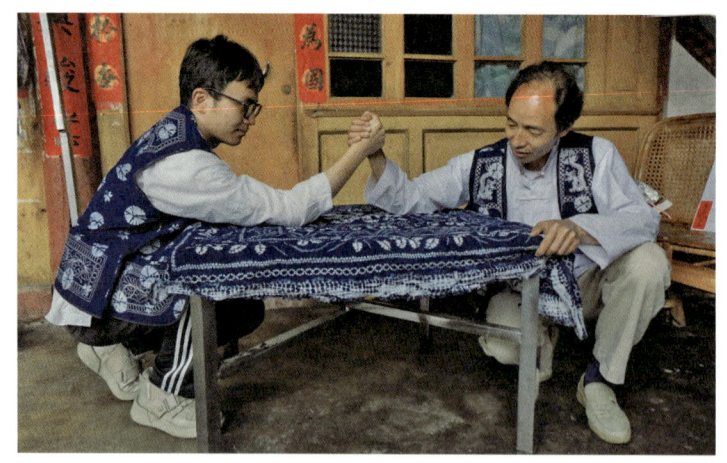

6-15◆周城

[pa⁴⁴tsʰue⁵⁵]"掰手腕"

  一种较力游戏。一般在桌面上，两人支肘腕，互相握住手比臂力和腕力，压倒对方手腕者为赢。

[pa³⁵xɔ³⁵]"拔河"

  一种体育运动。人数相等的两队队员，分别握住长绳两端，向相反方向用力拉绳，把绳中间系着标志的一点拉过规定界线为胜。

6-16◆周城

6-18◆周城

[ŋɯ²¹sa⁵⁵tɕʰɛ⁴⁴] "顶牛"

  男童爱玩的顶头游戏。两人手脚着地，以头对准地上画的中线相顶，自己的头率先顶过中线者胜。

[to⁵⁵kuɛ⁵⁵kuo³³] "斗鸡"

  男童喜欢的游戏。一脚独立，另一只脚抬起过膝用手扳成三角状，膝盖朝外跳着撞击对方，先被撞得失去平衡、双脚落地的一方为输。

6-17◆周城

6-23 ◆周城

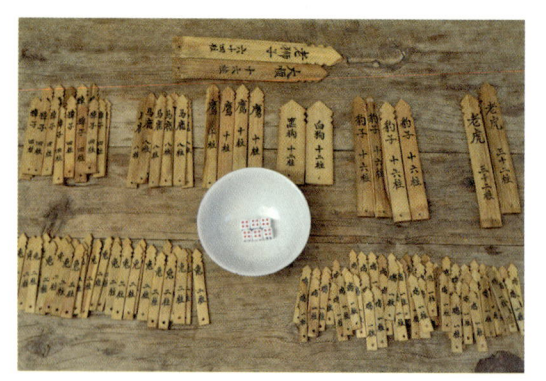

6-20 ◆喜洲

[ta⁴⁴wɛ⁴²] "打围"

一种民间游戏。主要在大理市喜洲镇流行，常在节日期间亲朋好友聚会时作为娱乐活动。参与人数不限，男女老少都可参与。用竹或木制成 11 种动物牌，每种动物代表不同的数值，狮子代表最大数，鸡代表最小数，以轮流掷骰子的方式来决定每个人能得到什么牌，直到将所有牌分完为止，最后根据每个人的牌所代表的数字总和来进行排名和奖惩。

[tɕʰɔ⁵⁵ɕa⁵⁵tɕɯ⁴⁴] "跳皮筋"

女童爱玩的游戏。三到五人一组，两人将橡胶制成的有弹性的细绳牵直固定之后，其他的人来回踏跳。

[kue³¹tʰe³⁵xua⁴²] "推铁环"

一种儿童游戏。用 U 字形的铁棍或铁丝，勾住铁环边，推动铁环向前滚动。

6-21 ◆下关

6-22◆周城（施作模摄）

[kʰɔ⁵⁵tsua⁴²] **"打陀螺"**

  一种民间游戏竞技项目。将木制的圆锥形的陀螺尖头着地，以绳绕螺身，然后旋转放开鞭绳，使陀螺旋转，中间用绳抽打使其不停转动。

[fɛ³³ɕe⁵⁵] **"翻绳"**

  女孩爱玩的游戏。两人用毛线绳圈轮流翻出各种花样，如能翻出新花样而绳不散、不打结则游戏一直继续，若不能继续翻出新花样，或绳散、打结就算输。

6-19◆周城

6-24◆周城

[tɯ⁵⁵tɕe⁵⁵tsʅ³³] "踢毽子"

　　毽子是用羽毛插在圆形底座上做成的游戏器具。玩时单脚踢起，落下时仍单脚接着踢，计算谁踢得多，毽子落地就算输，换另一个人踢。

[piɛ³⁵sɔ⁵⁵tsʅ⁴⁴pɔ³⁵] "丢沙包"

　　一种投掷游戏。一般是三人玩，两人在两侧投沙包，一人站中间，中间的人如果被沙包打到则算输，换人再玩。也可多人一起玩。

6-26◆周城

6-27◆周城

[sɿ⁵⁵zi²¹tɕʰɯ⁵⁵] "荡秋千"

　　以前的秋千是借助树枝，在两根垂下的绳子当中固定一片木板，人坐木板上，前后晃动。现在的秋千多为钢架支撑、铁链悬挂厚胶皮制成，更安全、稳固。

[ta⁴⁴kuo³⁵ma⁵⁵ma⁴⁴] "过家家"

　　儿童模仿和扮演成年人做饭等生活场景的游戏。

6-25◆周城

6-28◆周城（苏作栋摄）

[pʰɯ⁵⁵se⁴⁴] "吹树叶"

　　用树叶吹奏音乐。民间对歌或唱白族调时常用作伴奏。

[ti⁵⁵tɛ⁴⁴] "唢呐"

　　农事庆典、婚丧嫁娶、房屋落成等仪式中主要的吹打乐器之一。一些民间艺人能够自己动手制作唢呐。白族民间的唢呐演奏曲目多为大型套曲。民俗活动中一般有固定吹奏的曲牌。除丧事的曲调不能用于喜庆场合外，其他场合可以在固定套曲中加入其他曲牌演奏。

6-30◆周城

6-31◆周城

[pa³⁵kɔ³⁵kɯ³³]"八角鼓"（之二）

　　八角形手鼓。鼓的侧面串有铜钱，移动或击打时发出清脆的响声。跳霸王鞭时常配合使用。

6-29◆周城

[ɕe³⁵tsʅ³³]"三弦"

　　三根弦的弹拨乐器，白族民间最常用的乐器之一。是唱大本曲必备的伴奏乐器。

[tɛ⁴⁴pa⁵⁵wa⁴²piɯ⁴⁴]"霸王鞭"

　　一种传统舞蹈用具。用约一米长的空心竹制成，竿身凿四至五个约十厘米长的孔，每孔内装一组铜钱，每组二至三枚。两端用花球装饰。演出时持竹竿，以其两端随着歌舞碰击身、膝或肘发声。

6-33◆周城

[ɕi⁴⁴tʰe⁵⁵]"戏台"

　　村庄中心位置搭建的戏台。常在年节、重要活动时请人登台唱戏，供村人观看。

[tɕi²¹tɔ³¹pɯ³¹tsɿ⁴⁴kʰɣ⁴⁴]"唱大本曲"

　　大本曲是白族民间流传的一种演唱长篇故事的曲艺形式，有曲本。一般由男子演唱，用三弦伴奏。大本曲的唱词常"白汉夹杂"，句式则以"三七一五"（三个七字句、一个五字句组成一节）的"山花体"最为常用。唱腔有南腔、北腔、海东腔之分，南腔委婉，北腔质朴，海东腔则融合了南北二腔的特点，朴实醇厚。大本曲传统曲目有《白王的故事》《火烧松明楼》《梁山伯与祝英台》《辽东记》《陈世美不认前妻》等。

6-34◆海东（杨建伟摄）

6-35 ◆周城

[ta⁵⁵xɛ³⁵tɕʰe⁴⁴sɯ⁴²] "大黑天神"

  白族神话中舍身救民的天神,是白族本主崇拜中最普遍的本主之一。大黑天神的民间传说有很多,大体上都是讲述玉皇大帝为惩罚人类,派天神下凡散布瘟疫,大黑天神为拯救人间服下瘟药而死,死后全身乌黑。凡间的白族百姓感激他救命的恩情,为他盖庙塑金身,尊奉为本主,尊为"大黑天神"。

6-36◆周城

[tsɔ⁵⁵muɯ³⁵la⁴²]"赵穆郎"

又叫[tsɔ⁵⁵muɯ³⁵la⁴²ka⁴⁴]"赵穆郎岗",是周城村的第一位本主,传说是最早来开辟周城的人之一,供奉于南本主庙(景帝庙)。

6-40◆周城

[kua³⁵ʐɯ³⁵]"观音"

观音菩萨。龙泉寺中的观音为老者形象,被称为[kua³⁵ʐɯ³⁵pɔ³⁵]"观音老祖"(直译为"观音公")。白族佛教信仰的早期形态,观音为男身。灵帝庙中的观音为女性形象,被称为[kua³⁵ʐɯ³⁵mɔ³³]"观音老母"。

[vɯ³⁵tsʰa⁵⁵ɲi²¹]"文昌"

龙泉寺正殿左边的文殿中供奉着文昌星君,是道教中主持文运功名的星宿。

6-39◆周城

6-37◆周城

[tu⁵⁵tsʰɔ⁴²sue³¹]"杜朝选"

　　周城村的第二位本主。传说杜朝选原是鹤庆一带的人，后来来到大理坝子，斩杀了一条在周城村一带为祸民间的蛇精，周城人感念杜朝选为民除害之义举，将其奉为周城村的第二位本主，供奉在北本主庙（灵帝庙）。

[sʅ³⁵tɕa⁴⁴mɔ⁴²ȵi⁴²fv³⁵]"释迦牟尼佛"

　　周城村龙泉寺内正殿塑着释迦牟尼佛。释迦牟尼佛左边是太上老君，右边是孔子，前面是观音老祖（男身观音）。体现出白族民间信仰儒释道"同流"的特点。

6-38◆周城

大理白语　陆·日常活动

197

6-41♦周城

[tsʰe⁴²sɯ⁴²] "财神"

  白族民间也供奉道教中的财神赵公明，又称为 [tsɔ⁵⁵ko⁴⁴ta⁵⁵zue⁴²sue⁵⁵] "赵公大元帅"，民间认为其掌管财运。

[kʰue³³sɯ⁴²] "魁神"

  神话中主宰文章兴衰的神。左手托砚，右手高举毛笔，笔尖下指，右脚踏立于鳌头之上。寓意"独占鳌头"。

6-42♦周城

6-43◆周城

[nɣ²¹o²¹] "龙王"

  白族民间神话中认为龙王是掌管水源的神。有水源处即有龙王，故水源处多建龙王庙，有时龙王与山神土地同塑于一庙内，一般规模较小。

[se³⁵zŋ²¹tʰu³³tɕi³³] "山神土地"

  村外山腰常有山神土地庙，供奉山神和土地神。山神常是右手举着宝剑的男子形象，土地神则是手持拐杖的老者形象。民间认为，供奉山神土地能祈求神灵保佑出入山林平安。墓地旁也会供奉山神土地。

6-44◆周城

6-45◆周城

[na²¹vɣ³³tsɯ³³]"南本主庙"

周城村供奉两位本主，南边的本主庙被称为"景帝庙"，是周城村内最重要的三座寺庙之一。主要供奉周城村第一位本主赵穆郎岗，此外还供奉大黑天神。

[pɯ⁴⁴vɣ³³tsɯ³³]"北本主庙"

周城村供奉两位本主，北边的本主庙被称为"灵帝庙"，是周城村内最重要的三座寺庙之一。主要供奉周城村第二位本主杜朝选及其两位妻子，此外还供奉财神、地藏王菩萨、地母、观音等。

6-46◆周城

6-47◆周城

[to³³se³⁵]"上庙"

即龙泉寺，原名"玉皇殿"，始建于唐代，是周城村内最大的庙宇。庙内有三座大殿，分别是正殿、文殿和武殿。殿内分别供奉着释迦牟尼、孔子、太上老君、观音老祖、文昌星君、关公及大黑天神等神像。大门的牌匾上刻着"三教同源"。

[kʰue³³sɯ⁴²kɔ³⁵]"魁星阁"

供奉魁神的建筑。白族自古有"耕读传家"的传统，重视教育，很多白族地区有专门的魁星阁。

6-48◆喜洲

6-49◆周城

6-51◆周城

[tso³²kuo³⁵lɔ³⁵ʑe³⁵] "灶王爷"

旧时厨房土灶正上方的墙壁上常开孔洞做神龛，供奉灶神，现一般不再设龛，多为直接贴灶君像供奉。灶君神像左右常常贴有甲马纸。

[ɕo³⁵ɕa³⁵] "香箱"

木制长方形，有提把，分两格，一格装 [me³⁵tsʅ³⁵] "松明"，一格装 [ɕo³⁵mi³²] "香面"，在祭祀活动中使用。

[to⁴⁴tɯ²¹pɔ²¹] "磕头"

跪在地上两手扶地，头挨地。磕头的次数无讲究。另外，逢年过节或建房、婚嫁、添丁时，人们都会准备猪头三牲去本主庙拜本主，这种仪式也被称为 [to⁴⁴tɯ²¹pɔ²¹] "磕头"，认为是在向本主汇报情况，并求得本主庇佑。

6-53◆周城

6-52 ◆周城

[pɛ³²tɕɛ³⁵] "念经"

专指莲池会女性念诵经文。不同的集会或者节日,莲池会念诵不同的经文,比如栽秧会需要念诵《开秧门》。

[ɕi⁵⁵ŋɣ⁴⁴xɔ³¹] "祖先屋"

供奉祖先的一种木制屋宇式小神龛。旧时在主房楼上墙的正中的位置开出一个四方的小洞用来供奉祖先牌位,现多用放置在台面上的祖先屋代替。高度从二三十厘米到八九十厘米不等,一般三开间一进深,正中的门可开启,里面放置一个牌位,代表一个家族的全体祖先,每位祖先的名字则写在正中的内壁上。其雕花门、斗拱、梁枋、屋檐、歇山、鸱尾等构件的设计和制作比实际建筑更为精细,需要同时掌握大木技术和雕花工艺的匠师制作,体现出白族木匠的高超技艺。一般用柿子树和柏树的木料,因其都是多果实的树种,象征多子多孙,后世兴旺发达。

6-50 ◆周城

大理白语 · 陆 · 日常活动

6-57◆周城

[pa³⁵kua⁵⁵] "八卦图"

常贴在大门口或房间门头上，民间认为可以镇宅辟邪。

[tɕɯ⁴⁴piɔ³¹] "敬表"

将祈福表文写在长方形的纸上，折成长方筒状，内装金银纸，封口，上表前磕头，举高表筒，主持仪式者用金银纸点火将其焚烧，同时念口彩。

6-54◆周城

6-58 ◆周城

6-55 ◆周城

[lɔ²¹a⁵⁵mi⁵⁵] "瓦猫"

大理部分白族地区屋脊正中放置的石质或陶质猫。白族民间认为有镇宅辟邪的作用。

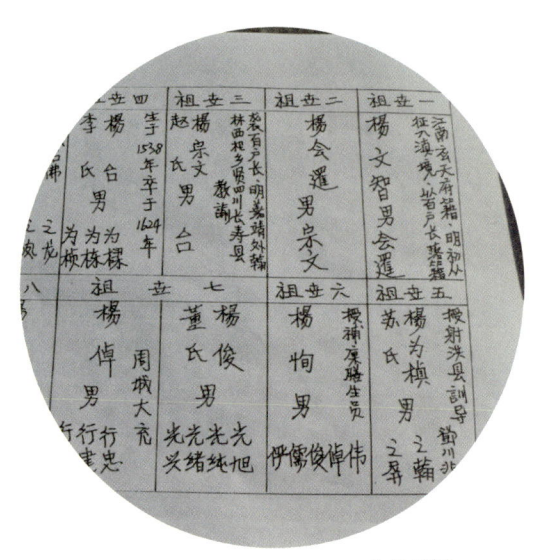

[tsʰv̩³⁵pʰu³³] "族谱"

一种以表谱形式记载一个家族的世系繁衍的书。

[me²¹zŋ²¹] "门神"

门神像，一般贴在大门两侧，当地汉语方言也称为"把门将军"。每年正月初一换新的门神像。门神像常见的是神荼、郁垒、秦琼、尉迟恭、关羽、张飞等。

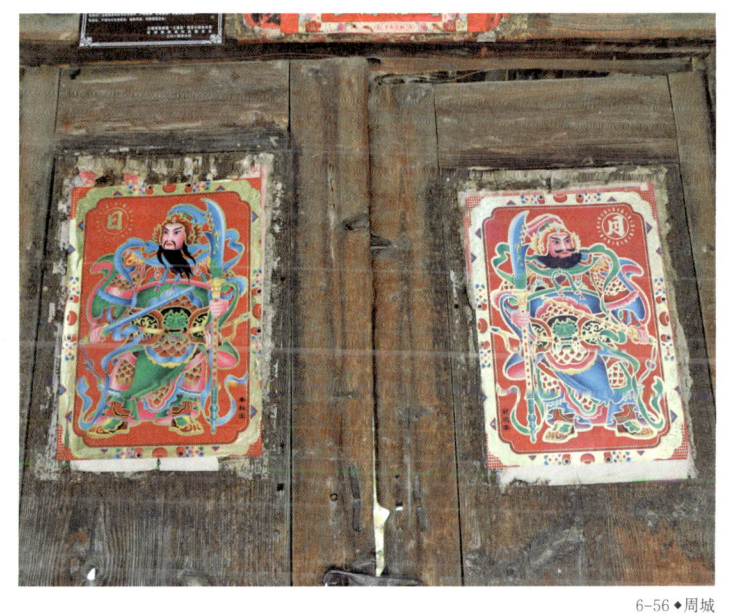

6-56 ◆周城

[sɯ²¹suɛ³⁵]"拂尘"

用牦牛尾或马尾扎成的掸除尘土、驱逐蚊蝇的用具。在绕三灵活动中常用。民间认为不用时悬挂在房屋中，可辟邪。

6-60◆周城

[tsɿ³²vɣ⁴⁴xɛ⁵⁵]"放生泥鳅"

每年农历七月二十三，洱海周边村子的村民常举行放生泥鳅的仪式。相传唐僧师徒取经返回时，在农历七月二十三日从洱海边的古生村渡海，不料出了意外，唐僧师徒和经书都落入水中，一部分经书被洱海中的鱼吞食了，而水底的泥鳅帮助他们将经书拱出水面。事后，佛祖为了惩恶扬善，就让信众每年农历七月二十三到洱海边敲打木鱼念经，放生泥鳅。

6-62 ◆挖色（施作模摄）

[tse³²kɔ²¹ʐ¹²¹] **"祭海神"**

  祭拜海神的仪式。洱海周边白族滨水而居，一些居民还从事捕鱼和航运活动，生产生活与洱海有着紧密联系。长期以来人们围绕洱海创作了很多有关龙的神话，建立了若干个海神庙、龙王庙、洱河神祠等，形成了耍海会、放生会、赛花船等节庆活动，有祭祀海神祈求清吉平安的习俗。

[tʰe⁵⁵sa⁴⁴sŋ³⁵] **"泰山石"**

  因地形地势等原因，一些住房的墙正对道路正中，或房屋的墙角突出，则需要在墙角处放一块小石碑，上书"泰山石敢当"。民间认为有辟邪之用。

6-59 ◆周城

6-66◆周城

[te⁴²tɯ²¹pɔ²¹sa³⁵sɯ³⁵] "猪头三牲"

　　供奉本主的主要供品的统称。通常是猪头、猪左前蹄、"三牲"一块完整的猪五花肉（从背脊到肚皮）、猪尾巴、一只公鸡、两个鸡蛋，洱海南岸地区还要有一对鱼。主要的供品都要有头有尾，即猪头、猪左前蹄和猪尾巴按先后顺序摆放，"三牲"放一旁。供奉时将公鸡放在猪头上，还要在公鸡口中放一块炸好的"米干"（图6-68）。供奉过后的所有供品均可再加工食用。

[tsʰɔ⁴²to³¹] "朝斗"

　　一种宗教仪式。农历九月初一至初九为道教九皇大帝圣诞，村中老年男性和女性在寺庙中念经供奉举行一系列的宗教仪式。因与道教北斗九星有关，故也叫 [tsʰɔ⁴²tɕo³³to³¹] "朝九斗"。

6-63◆周城

[tɕa³⁵ma³¹tsɿ³³] "甲马"

在宗教祭祀中使用的木刻版画。在木刻版画的 [tɕa³⁵ma³¹po²¹] "甲马模子"上刷墨或其他颜料印制而成。"甲马"所刻内容有的反映对自然界的崇拜，如山林草木之神、树神、路神、火神、岩神等；有的反映人们对健康平安的祈求，如口舌是非之神、殃神以及掌管瘟疫的瘟司众圣等；有的为当地白族本主像，如三姑老太之神、十八坛神、先祖之神等。白族民间认为"甲马"是人与神沟通的媒介，能够祈福消灾。

6-65◆周城

[tʰa⁴²tɕɯ⁴⁴] "洞经"

一种古老的器乐。起源于南诏时期的宫廷祭祀音乐，后吸收了道教音乐、佛教音乐和江南丝竹等成分，风格古朴典雅，飘逸悠扬。据统计，大理地区流传下来的独立成套的曲牌多达1000余首。较大的白族村常有洞经会，成员一般是村中的老年男性，定期谈演洞经音乐，乐器包括锣、钹、三弦、阮、笛子、云锣等。

6-64◆周城

6-71◆周城

[mɯ⁴⁴vʅ³⁵] "木鱼"

　　寺庙中念经或念祈福口彩时敲击的木制鱼形法器。

6-68◆周城

[ka⁵⁵na⁵⁵] "米干"

　　将大米磨粉后蒸熟，混入红、黄、绿三色颜料，再擀成小薄片晒干而成。用时，油炸后做成花的造型，在各种供奉仪式中使用。

[lɯ²¹xuo³⁵tɯ³⁵] "莲花灯"

　　用瓷碗加彩纸做成莲花形状，中间放蜡烛。在一些宗教仪式中用以超度亡灵。

6-67◆周城

6-69♦周城

[ɕo³⁵ɕy³³] "香水"

　　将清水与香面、艾蒿或柏枝混合后成为"香水"，在一些宗教仪式中用以洁净器物或清洁双手。安龙谢土仪式中还混入鸡血洒在建筑四周，民间认为可以驱邪。

[ka⁵⁵na⁵⁵tsʰɯ³¹tsɛ³⁵] "斋菜"

　　由豆腐、青菜等做成的斋菜，在佛教供奉中使用。

6-70♦周城

6-77 ◆周城

[pi³⁵tsɔ²¹me³³tsʅ³³] "盐茶米酒"

在供奉等民间信仰仪式中的常用之物。由盐、茶、米、酒四样东西放在一起组成。

6-76 ◆周城

[vɣ³²tɯ²¹ɕi³⁵] "珠链"

莲池会中念经的女性佩戴的珠链。

[tsʅ³⁵tɕɛ³³] "磬"

金属制大钵，寺庙中念经时供敲击的法器。

6-72 ◆周城

[tɕɛ³⁵sʅ³⁵] "经书"

洞经会谈演和莲池会念经时使用的经书。洞经会主要使用《文昌经》《十王经》《观音经》《斗母经》《玉皇经》《地母经》等；莲池会主要念诵《山神经》《太子经》《日月经》《忏悔经》等。

6-73 ◆周城

6-78◆周城

[ɕo³⁵xue³³pa²¹] "香火盆"

  在本主节、房屋落成等仪式中，常在门口放置一个燃着松香、柏枝的盆。

[se³¹tsɣ³⁵tsʅ⁴⁴tɕɛ³³] "小钟"

  莲池会女性念经时敲击使用的金属制小钟，常用红绿两色绒线球装饰。

[se³¹mɯ⁴⁴vɣ³⁵] "小木鱼"

  莲池会女性念经时敲击使用的小型木制法器。

6-75◆周城

6-74◆周城

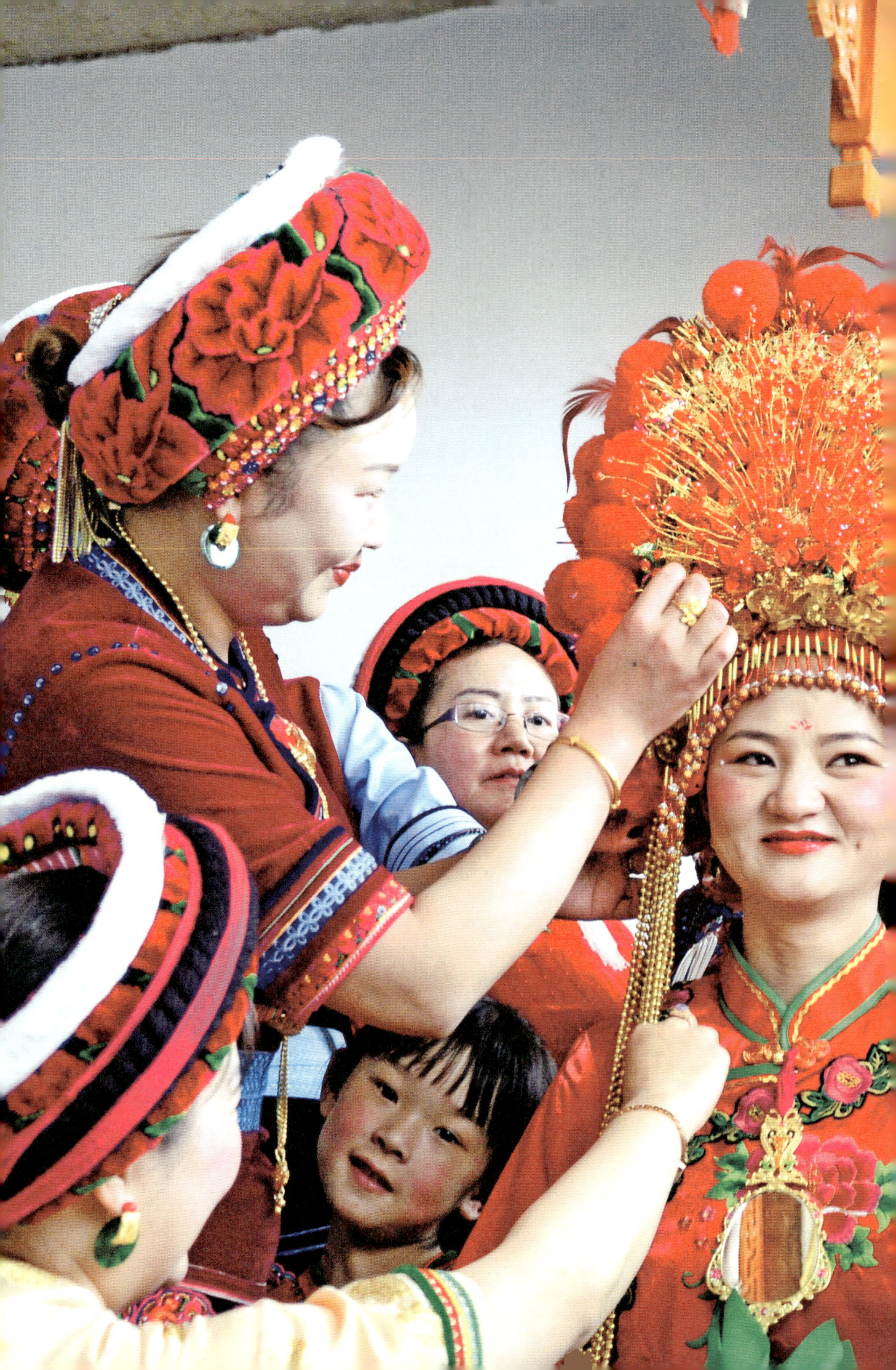

柒·婚育丧葬

白族的婚育丧葬礼俗较多。

小孩出生后第三天举行"做三朝"仪式。仪式开始前，主人家要去本主庙敬香祭拜。仪式主要包括给孩子沐浴、抱着孩子拜天拜地、由孩子父母双方的长辈在一起为孩子取乳名。这一天，孩子外婆家的女性亲属会带着送给的孩子新衣服、长命锁以及母鸡、鸡蛋、大米等前来祝贺。第二天，主人还要专门宴请长辈、亲属，以示答谢。

白语中"娶亲"为 [sua^{44}vy^{33}]，直译为"说媳妇"。过去白族青年到了谈婚论嫁的年龄，通常请媒人物色结婚对象来结亲。现今男女青年多为自由恋爱，但认亲、下聘、订婚、结婚等仪式仍沿袭传统的形式。男女双方想要结婚时会告知父母，双方父母同意后，即可认亲。认亲时，男孩的妈妈和婶婶（或伯母）一起到女方家去给女孩的祖父母辈以上的亲属磕头，既是表示诚意与感激，也是表示从此结亲。认亲过后，男方家就可以择双日给女方家下聘礼。下了聘礼即可订婚。订婚仪式一般选在民族节日，男方家杀猪宴客。结婚前，男方家会请人测八字，定下各项仪式的吉日吉时。之后，将测出的"开剪日"开始做新娘衣服的日子、婚期以及新娘梳妆的方位等写在纸上，放入信封，送到女方家。女方家即开始裁衣备婚礼。婚期一般是五天：搭彩棚、吃生菜饭、"正喜"举行婚礼仪式的那一天、吃鱼饭、回门。大理白族地区的婚姻形式大多是男娶女嫁，有女无儿的人家也可以招赘。招赘婚的礼节与男娶女嫁的礼节大致相同，只是由女方来完

成婚礼仪式中男方应做的事，婚礼当天，新娘先到男方家，新郎再从女方家去迎亲，一起回女方家。现今，随着经济文化的发展，白族的婚姻家庭观念也发生了变化，有儿有女的家庭也可以为女儿招赘。大理市境内部分经济、文化较发达的地区甚至出现了家族及子女姓氏归属更为自由的"两头婚"。

年长者一般不做寿，因认为做寿会折福，除非是高寿。高寿的老人做寿时，子女会为其准备简单的祝寿仪式，一家人聚在一起吃顿饭。

大理地区的白族过去多行棺葬。家中父母到一定年纪，便由儿女为其选吉日请木匠做 [ɕi³¹xɔ³¹] "喜房"棺材。棺材做好后，要宴请亲朋好友，因为白族民间认为做棺材是给亲人建去世后住的"房子"，是十分重要的仪式。白族传统的丧葬仪式十分繁复，从人去世到下葬要经历入棺、搭彩棚、出白、绕灵、出殡、超度亡魂等仪式，通常会持续三到五天。丧葬仪式需由家族中的两位男性长辈做 [tsɤ³³sa⁴⁴kua⁴⁴] "主丧官"和 [sa⁴⁴tsɤ³³kua⁴⁴] "丧主官"来协调整个葬礼及待客的各项事宜。若逝者为男性，则主丧官和丧主官都是本家的男性长辈，若逝者为女性，则是夫家家族的一位长辈做主丧官，再请一位娘家的长辈来做丧主官。父母去世后，子女需守孝三年，守孝期间有一些禁忌，守孝满三年后需举行脱孝仪式。现在遵照国家殡葬政策举行火葬，丧葬仪式从简。

一 婚事

7-4 ◆周

[ʐa⁴⁴ɕo³⁵kɣ³³tɕi³³] "压箱压柜"

新婚当日傍晚，女方家的女性长辈，男方家的女性长辈，都要放红包、果子用红纸包花生、葵花籽、糖果等做成在新娘子的箱柜中。

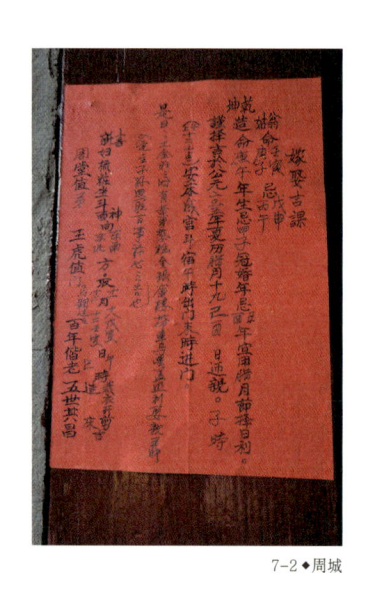

[xɔ³⁵pa³⁵tsʅ⁴⁴] "合八字"

婚礼前请算命先生看男女双方的生辰八字是否相合。旧时男方向女方提亲后，若女方父母同意结亲，男方即可经由媒人向女方 [tʰu⁵⁵pa³⁵tsʅ⁴⁴] "讨八字"，再由算命先生看双方八字是否相合。若八字相冲，男方会退回女方八字，双方可另寻他人。若八字相合，则可择吉日成婚。现今一般自由恋爱，因八字不合而退婚的情况极少，"合八字"就只是请算命先生按男女的生辰八字择婚礼吉日。

7-2 ◆周城

7-3 ◆周城

[tʰo⁴⁴ɕɯ⁵⁵tɕe³³] "通信柬"

男女双方订婚后，男方请人测了八字便安排婚礼，此时需向女方家递送通信柬，上面书写男方对婚礼时辰等的各项安排，若女方无异议则按此信柬准备婚礼。

[tɕɯ⁴⁴me³⁵tsɔ²¹] "敬媒茶"

婚礼中向媒人敬茶的谢媒仪式。旧时 [me³⁵zu³⁵] "媒人"是男女结合的介绍人，在婚礼开始前，即将结婚的新人需择日谢媒，除了送红糖、衣服、鞋子等礼物外，还要敬茶。现今崇尚自由恋爱，媒人便只是形式上的，一般由新娘的舅父舅母充当，在婚礼当日，配合完成敬茶的谢媒仪式。

7-1 ◆周城（施作模摄）

7-5◆周城

[tsɿ³⁵tso²¹]"安床"

　　婚礼前一天，由家族中一对和睦恩爱、四世同堂的长辈为新人安床。安床的长辈在喜床的四个脚下放钱币，同时还要说吉利话，祈求夫妻恩爱、子嗣兴旺。

[ȵi⁴⁴vɣ³³]"接亲"

　　新郎在家族中年轻的未婚男子的陪同下到新娘家中迎娶。旧时迎亲仪式较隆重，有骑马迎亲、抬轿迎亲等，现今一般是开花车迎亲。

7-7◆周城

[sɣ³¹ɕi³⁵vɣ³³tɯ²¹pɔ²¹]"梳头"

  新娘梳头需由法师测定吉时、吉利的方位，然后由女性长辈为其梳妆，在整个梳头的过程中，新娘需脚踩七星灯直至梳妆完毕。

7-6◆周城

[pʰɯ⁵⁵ti⁵⁵tɛ⁴⁴]"吹打"

  婚礼中请乐师吹奏喜乐，演奏的一般是唢呐、锣、钹、笛子等乐器。

7-8◆周城

7-11◆周城

[pɛ³³tɕo⁴⁴me²¹]"陪娘"

　　传统婚礼中为新娘送嫁的女性朋友和亲属，已婚、未婚均可。现今的新式婚礼中，新娘邀请来陪伴的未婚女性朋友也称 [pa⁵⁵na⁴²]"伴娘"。

[ɕɯ⁴⁴na⁴²pɔ³⁵]"新郎"

　　结婚仪式中确立婚姻关系的男子。

[ɕi³⁵vɣ³³]"新娘"

　　结婚仪式中确立婚姻关系的女子。

7-9◆周城　　　　　　7-10◆周城

7-12◆周城

[pʰe⁴²na⁴²] "陪郎"

  传统婚礼中，指负责协助新郎完成婚礼的一系列仪式的男子。一般是新郎的朋友或同辈的男性亲属，已婚、未婚均可。现今的新式婚礼中，新郎邀请来陪伴的未婚男性朋友也称[pa⁵⁵na⁴²] "伴郎"。

[ɕɯ⁴⁴na⁴²po³⁵ʑi³⁵] "新郎礼服"

  新郎结婚当天所穿的服装。旧时的新郎礼服是白族特色的传统服装，现在的新郎礼服多为西服。

[xuo³⁵ʑi³⁵lv̩⁴⁴ʑi³⁵] "红衣绿衣"

  白族传统婚礼中的新娘礼服。上衣是绿色和红色长衫叠穿，绿色在里，红色在外。袖口、衣襟处常有绣花。婚服缝制前需由算命先生测八字来定"开剪"缝制的时辰。

7-13◆周城

7-14◆周城

[xuo³⁵tɯ³²] "头花"

　　新娘戴的花冠，结婚当天的头饰。高约一尺半，整顶花帽遍布红、黄、绿色花朵、毛线球、闪亮的珠片以及珠链，耳旁、头顶及辫梢上还有红色绢花，正前方以凤头样式的饰品装饰，耳侧有两对白色串珠垂下。

7-16 ◆周城

[tɕi²¹pe²¹] "斗"

　　原为粮食的度量工具。在周城，婚礼当天，需准备一个木斗，里面要装满谷物，再放上一盏油灯。新娘在坐着梳头装扮时需双脚踏在木斗上，直至装扮完毕，这个过程中油灯要一直保持不灭，寓意"五谷丰登"。

[kɛ³²mi³²] "照妖镜"

　　新娘出嫁时挂在胸前，拜天地仪式后放在筛子中加一双十字交叉的筷子固定于新房上方。本地人认为有辟邪的作用。

7-17 ◆周城　　　　　　　　　　　　7-15 ◆周城

224

7-19◆周城

[ɕi³⁵vɣ̍³³tɕɯ⁵⁵mɯ⁴²] "新娘进门"

新郎迎接新娘入门。新郎家大门两侧各站一个手持火把的男孩，两位妇女端着茶酒来拜天拜地后在门口迎接新人。在新娘进门前根据算命先生的卜算，新娘可能需要跨火盆、跨马鞍或遮堂遮灶（将堂屋和厨房遮蔽住）。此外，新娘入门时公婆必须躲避，不能与新娘照面。

[ɕi³⁵vɣ̍³³xɛ⁵⁵z̩³¹] "新娘饭"

新娘在娘家梳妆完毕出门前需要吃的一碗饭菜。新娘梳妆完毕，继续坐着不起身，由梳妆的长辈喂新娘饭菜，新娘象征性地咬一口肉、吃一点饭，然后把饭和肉都吐出来放在手帕里包着拿在手上，一直拿到男方家。寓意"离开娘家要吃饱，去到大家有口粮"。本地人认为这碗饭菜很吉利，能去病痛，过去有人身体不适也会向有女儿出嫁的人家要这碗饭菜来吃。

7-18◆周城

7-21◆周城（施作模摄）

[ɣɯ³³ʑi²¹tɕo³⁵tsɿ³³]"喝交杯酒"

　　由花椒、辣椒、红糖、白酒等混合煮成，因花椒麻（[kɔ²¹]"麻"，谐音"爱"），辣椒辣（[tɕʰi⁵⁵]"辣"谐音"亲"），加红糖、白酒，寓意相亲相爱，甜蜜长久。

[pɛ³²xe⁵⁵pɛ³²tɕi³¹]"拜天地"

　　新娘进门后，新婚夫妇于院子正中在司仪的安排下，向四面八方跪拜。也叫[pɛ⁴⁴ɕi⁴⁴kɣ⁴⁴ɕi⁴⁴mi³²]"拜四角四面"。

7-20◆周城

7-22◆周城

[te⁴⁴kʰɛ⁴⁴]"宴客"

特指婚礼当天宴请宾客，也叫 [tsɛ⁴⁴ɕi³⁵]"正席"，一般用白族传统的"土八碗"菜招待参加婚礼的亲朋好友。

[ɕi³⁵vɣ³³tɕʰɛ⁵⁵]"新房"

新郎新娘的房间。新房门上贴喜字，门两侧贴喜联，房门上方挂女方家准备的 [me²¹tɯ²¹]"门头"和 [tɕɛ⁴⁴kɛ³²lɔ²¹]"钉镜筛"。新房的床和柜子的摆放方位要专门请人选定。按照当地过去的风俗，从结婚当天起到第一个小孩出生，怀孕的妇女、还未开口说话的婴儿、有孝在身的人都不能进新房。

7-23◆周城

[sɛ³⁵]"生菜"

在婚礼正席前一天必吃的一道凉菜。婚礼正席前一天的小范围宴请，被称为 [ʐɯ⁴⁴sɛ³⁵pe³³]"吃生菜饭"，必须有这道菜。一般用豌豆粉、萝卜丝、青菜等配料拌在一起，各地做法会有细微差异，但豌豆粉是必不可少的。

7-24◆周城

大理白语 柒·婚育丧葬

227

7-29 ◆周城

[tsʰɣ⁴⁴tsɿ³³] "出街"

指新娘结婚后第一次出门买菜。婚礼第二天下午，新娘需要在亲友陪同下到街上买些鱼肉、蔬菜、瓜果，寓意从此当家。

[ɕi³⁵tso²¹] "花床"

新郎新娘的床。上铺大红龙凤被枕。婚礼前一晚，要请一对和睦恩爱、儿孙满堂的夫妇来为新人安床，安床时常说求子的吉利口彩。安好床后，还要请两位未婚的年轻男子在床上睡一晚，称之为 [zɔ³³tso²¹] "压喜床"。

[tɕe⁴⁴kɛ³²lɔ²¹] "钉镜筛"

新娘出嫁时带的镜子，在举行完仪式后，就由长辈收走，放在一个筛子中，加上一双新娘出嫁前使用的筷子固定住，钉在新房开向堂屋的门上方。过去，新娘生下孩子后，在月子期间就取下这个筛子为产妇端饭菜。

7-25 ◆周城

7-26 ◆周城

7-27◆周城

[tsɿ⁵⁵kɯ³³]"盘发"

婚礼第二天新娘盘的发型。婚礼第二天上午，几位家族中的已婚女性会为新娘盘发，给新娘戴上由多层绣布堆叠在一起制作而成的新娘头帕，并换上日常穿着的大红色白族服装。

7-28◆周城

7-30◆周城

[ʐɯ⁴⁴ŋỿ³⁵tsʰa⁵⁵]"吃鱼饭"

婚礼第二天,邀请亲朋好友来吃饭,不再是"土八碗"待客,而是简单一些的菜肴,其中必须有一道酸辣鱼,因而被称为"吃鱼饭"。

[ta³²xue³⁵me³⁵]"回门"

新婚夫妇回娘家。婚礼第三天,新娘按照已婚女性的包头样式装扮好,新人在男方亲戚代表陪同下,带着烟、酒、糖、茶、糕等礼物回女方家。娘家会有两位女性长辈在家门前点香敬天地、迎接新人。新人在女方家吃一顿饭,晚上则返回夫家。

7-31◆周城

7-32 • 周城

[pɛ³²so⁵⁵tsɿ³¹kua⁴⁴ʐɯ⁴⁴] "拜送子观音"

新人结婚后家中女性长者到寺庙里为新人拜送子观音，祈求早生贵子。

7-33◆周城

[tsʰa⁴²miɯ⁵⁵suo³¹] "长命锁"

银制的长命锁，常在孩子出生后取名时由长辈赠送。

7-34◆周城

[kʰua³³pe²¹ʑi³⁵] "狗皮衣"

从新娘所穿内层嫁衣上剪下，用于将来给孩子做衣服的一块布。新娘出嫁前会由负责梳妆的长辈剪下一块前衣襟，用来包裹新娘放入口中又吐出来的"新娘饭"（图7-18）。待第一个孩子出生，则用这块布给孩子缝制成衣服，在狗身上套一下，再给孩子穿上，所以叫"狗皮衣"。民间认为，孩子穿上这件衣服后会容易养大。

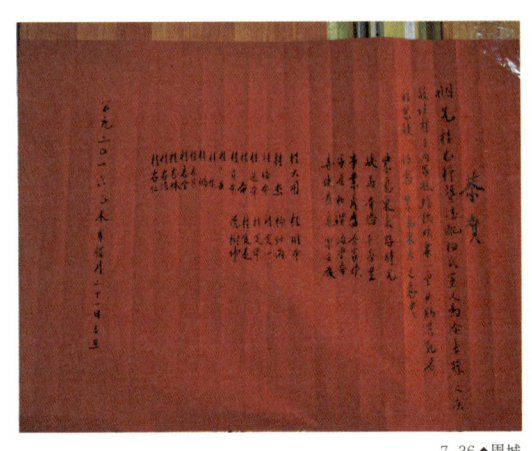

[ta⁴²miɛ³⁵tsɿ³³] "取名纸"

孩子的名字由父母双方的长辈议定后便由一位长者写在一张红纸上，贴在家中堂屋内。旧时白族招赘时，入赘的女婿也要改为妻家的姓氏，也会记于取名纸上贴在堂屋内。

7-36◆周城

7-35◆周城

[ta⁴²miɛ³⁵] "取名"

  孩子出生后三个月内为孩子举行取名仪式。取名仪式由孩子父母双方的长辈主持，由父母双方的长辈和德高望重的老人一起为孩子取乳名。取名日需宴请宾客，主人家会将写着"汤饼之庆"的红纸贴在大门或者外墙等显眼的地方，为男孩取名还会贴写着"弄璋之庆"的红纸，为女孩取名则贴写着"弄瓦之庆"的红纸。女方娘家亲戚会带着鸡蛋、大米等来祝贺。

[sɛ³³tʰe³¹tsʅ⁴⁴] "洗太子"

  农历六月村中的老年男女到寺庙中为一尊被称为"太子"的小佛像洗浴，洗浴的水用桂圆、荔枝、大枣等煮成。之后女性跪在像前，用钱币投掷"太子"的身体，将洗太子的水带回去给家中女儿、儿媳喝，据说能求得子孙满堂。

7-37◆挖色镇大成崇福寺（张云霞摄）

三 丧葬

7-39 ◆周

[n̩i²¹tsʰo⁵⁵] "棺材"

盛放遗体的棺木，一般为黑色，高寿去世的也使用红色。过去，棺材一般是父母上了年纪后由子女提前准备，做棺材前需请算命先生根据生辰八字择吉。棺木前面刻寿字纹，尾部则因男女不同而有不同的纹样，一般女性的是莲花纹，男性的是寿字纹。棺材做好后，不能空着，要放香、银元宝、草鞋（老人去世后给大孝子穿）、几十丈白布（老人去世后用作孝布）。

[liɯ⁴²tʰa⁴²] "灵堂"

老人去世后，会将堂屋设为灵堂，堂屋门框正中挂白色条幅，中间放置棺木，两侧地面上铺草席，供亲人跪地守灵。

7-43 ◆周城

[tɕʰɯ³³tɕʰe³⁵] "请柬"

丧礼的请柬用黄纸书写，上书葬礼的时间安排，请亲朋好友帮衬，并安排被请的人是否需要帮忙葬礼的各项事宜，如需帮忙，则在请柬上书写。

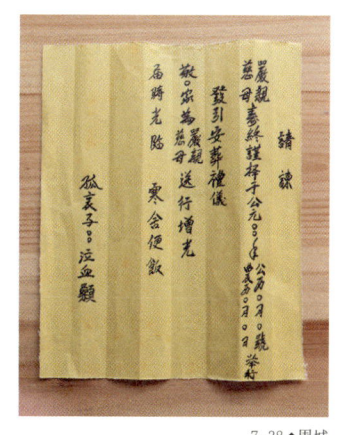

7-38♦周城

[pʰio³¹tɕi³³ŋe²¹] "寿鞋"

逝者穿的鞋，一般是圆口布底鞋。与寿衣不同的是，寿鞋通常不放入棺木，老人在世时偶尔会穿上一会儿，意为将鞋底踩软一些，过世后能够穿得更舒适。

7-41♦周城

[ka³¹na³⁵wa⁴²ɕo⁴⁴mɔ⁴⁴] "寿帽"

男性装殓时戴的帽子，一般是清代风格的瓜皮小帽。

7-42♦周城

[pe⁴⁴ta⁴⁴nɔ⁴⁴ʑi³⁵] "寿衣"

直译为"回去的衣服"。给逝者穿的衣服。老年人六七十岁后，就会做好去世后要穿的整套衣服放入备好的棺木中。去世后打开棺木取出衣服给逝者穿戴。男性的寿衣是清代风格的长衫，女性的寿衣则是黑色和青色的传统服饰。

7-40♦周城

大理白语　柒·婚育丧葬

235

7-46◆周城

[ɕo⁴⁴ʑi³⁵ɕo⁴⁴pe³²] "孝服"

  旧时孝服的款式男女不同，现在普通的孝服大多不分男款、女款，都是白色衬衣。而孝子孝女（包括儿媳）的孝服则仍为传统款式，孝子穿白色粗布长衫，孝女穿白色圆领右衽衬衫，孝子孝女穿上孝服后还需在腰部系麻绳。

[so³¹ɕɔ⁵⁵] "守灵"

  从逝者入殓后至出殡期间，停灵在家中堂屋正中，堂屋地面铺稻草，亲人都不分昼夜守在灵堂两侧，有亲友吊孝时，守灵的子女需磕头谢礼。

[sa³³n̠e⁴²kue⁴⁴] "三连冠"

  大孝子所带的帽箍。若逝者有两个儿子，则大儿子的孝帽上有三个竹圈，即"三连冠"，二儿子的孝帽上有两个竹圈，称为 [ɛ⁵⁵n̠e⁴²kue⁴⁴] "二连冠"，其他儿子和侄子的孝帽上为一个竹圈 [ʑi³⁵n̠e⁴²kue⁴⁴]，称为"一连冠"。

7-45◆周城

7-47◆周城

236

7-49◆周城

[ɕo⁴⁴ŋe²¹] "孝鞋"

普通亲戚穿白色布鞋,孝子常穿草鞋。女性穿的孝鞋可以有素色的绣花,男性的孝鞋则是普通的白布鞋。

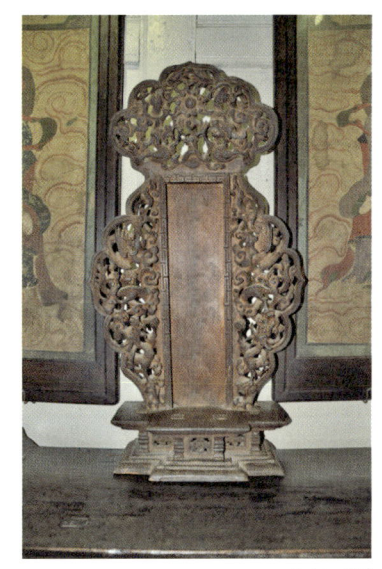

7-44◆周城

[ɕo³⁵tsɿ³³ɕi³⁵] "灵位"

木质有底座的牌子,上书逝者的姓名、生辰年月等。

[ɕo⁴⁴xo³⁵] "孝巾"

长条白布,带时在头上缠绕塞紧即可。男子孝巾约三尺半长,女子孝巾约四尺半长。一般是侄子、侄女以及孙辈戴的,重孙辈则戴红色孝巾。

[ne³⁵xuo³⁵] "捏花"

饵块捏成的花。在逝者灵柩前供奉的祭品,除普通的"土八碗"外,还有用饵块加红绿颜料捏成的花,用萝卜做底座,竹签上穿上饵块塑成。常见的是花朵、鱼、鸟、松果等。

7-48◆周城

7-50◆周城

7-54◆周城

[ma⁴⁴tsɿ³³tɯ²¹] "草枕头"

把逝者生前用的枕头、床单、衣物、鞋子等物扎成枕头形的大包。用草席包好放在大门口，发送时由孝子背到村口烧掉。

7-56◆周城

[tɕi⁵⁵vɯ⁴²] "祭文"

白事中由法师念诵的祭文。上面书写逝者的生平事迹，表达生者的哀思。

[pʰɛ⁵⁵zʏ⁴²tsʰa⁵⁵] "守灵粥"

守灵期间，由孝子孝女轮流来煮的粥。粥里一般要放猪肉或者公鸡肉。煮好后在灵前供三碗，如果是猪肉粥，三碗粥上分别插上猪蹄、猪耳和猪尾；如果是公鸡肉粥，三碗粥上分别插上公鸡头、鸡翅和鸡脚。剩余的粥就由守灵的子女和邻居食用。寓意感念父母一粥一饭之恩。

[tʰa³³fa⁵⁵] "汤饭"

出殡时孝子捧的一碗米饭。父母去世后，由逝者子女用筷子一粒一粒挑出365粒大米，煮熟放在碗中，再用白布包着，出殡时由大孝子捧出，至下葬后放于墓前，意为感谢父母养育之恩，为父母去往阴间的路上备下粮食。

7-53◆周城

7-55◆周城

7-51 ◆周城

7-57 ◆喜洲

[tse³²tse³²] **"祭幛"**

  旧时的祭幛是用长方形白布，上用墨汁书写挽词，在出殡时由亲属两边拉住展开随出殡的队伍送出村外。现一般用绸缎被面代替，上面用别针别住写着挽词的白纸。

[sɯ³³pʰiɯ⁴²] **"乡评"**

  对逝者生平的回顾，一般由家族长在出殡前致辞陈述。也有一些地区，在人刚去世后，就由乡邻长老共议逝者生前的事迹，在一张白纸上写"乡评"，用两个字归纳乡邻对逝者品德的评价。

[piɛ⁴⁴ɕi³³] **"吊丧"**

  村中有人离世，待逝者装殓完毕设好灵堂后，本家亲友及邻居陆续去灵前磕头，慰问家属，家属磕头还礼。曾与逝者或其家人有矛盾的，如来吊丧，则表示化解仇怨。

7-52 ◆周城

7-62◆周城

7-63◆周城

[fɛ⁵⁵sɯ³⁵] "引魂幡"

一根长竹竿，上端扎有红、绿、黄三色纸做的灯笼和小旗子，下端贴细长的纸，丧葬时用以"招引亡魂"。出殡前插在灵柩旁，出殡时一般由长孙举引魂幡走在出殡队伍前，若逝者无长孙，则可由侄孙或长子举引魂幡。逝者下葬后，将其插在坟头。

[sa⁴⁴pɛ⁴²tse²¹] "撒白钱"

有专人负责事先在出殡队伍行进的路上撒黄色和白色的纸钱，民间认为这样做即是向沿途的桥神、路神告知逝者即将经过，请求不要阻挡。

[zɔ³³kue⁴⁴] "绕灵"

逝者的后代子孙完成出白仪式后，回到家中，每人领一根灵堂前事先点燃的松枝，排着队一次绕灵三圈。寓意为逝者照亮前路。

[kʰo⁴⁴] "哭丧"

出殡当天逝者女性家属以哭唱形式寄托哀思，送别逝者。

7-61◆周城

7-59◆周城

7-58 ◆周城

7-64 ◆周城

[tsʰɣ³⁵pɛ³⁵] "出白"

出殡前一天，逝者的后代在法师的指引下，沿着第二天出殡的路线走至一个路口，下跪祭拜后按原路返回。寓意告诉沿途神灵，第二天逝者要从此路线经过，希望不要阻挡。

[tse²¹tsɯ³¹] "子孙钱"

直译为"财树"，出殡时逝者长孙、重孙和玄孙所举的纸扎筒状幡，有白、红、黄三色。白色的叫"长孙钱"，红色的是"重孙钱"，黄色的叫"玄孙钱"。分别由长孙、重孙和玄孙举至墓地，在墓穴中烧掉"子孙钱"，然后才能落棺下葬。意为希望逝者保佑后代子孙兴旺发达。

[fa³⁵ɜo⁵⁵] "出殡"

是指将灵柩从家中灵堂抬出送至墓地下葬的仪式，出殡当天是丧葬仪式中最隆重的一天。

7-60 ◆周城

大理白语　柒·婚育丧葬

241

7-66◆周城

[lu⁵⁵tɕi⁵⁵]"路祭"

　　出殡队伍行缓慢行进的过程中,在路过逝者过去居住过的老宅或近亲家门口时,都有亲人在灵柩经过的路上设置供桌进行路祭。灵柩经过路祭供桌前会暂停一下,接受亲人对逝者的祭拜。

7-70◆周城

[tʰua⁴⁴ɕo⁴⁴]"脱孝"

　　父母去世后,子女需守孝三年,守孝期间有一些禁忌,如不去别人家串门、家中不谈婚嫁等。待三年期满后可以脱孝。脱孝即意味着家人已出守孝期,一切活动恢复如前。脱孝会请法师念经,举行仪式宴客。

[lue³³mo³²]"做坟墓"

　　出殡当天早晨,大孝子要反穿着衰衣,拿着反装锄刃的锄头(意为子女不舍父母)去前一天族人批准的坟地处挖第一锹土。挖土的具体时间以及挖出来的土块放置的方向均由测字先生推算。大孝子动土后,即可请其他人来继续挖出墓穴。待下葬后,大孝子挖出来的土块要放在坟头。

7-67◆周城

中国语言文化典藏

242

7-68◆周城

[luo³⁵kʰuo⁵⁵]"下葬"

将棺木放入墓穴的过程。抬棺人将棺木抬至墓地后,先放置在一旁的土堆上。然后将子孙钱放在墓穴中焚烧,再用锄头把纸灰挑出,接着按头朝里、脚朝外的方向放入棺木,棺木正中放置五块刻有五行八卦术语的"柏木简",意为给逝者指明方向。最后用青石板盖住棺木,再用泥土、砖块砌成隆起的坟,然后在坟头安置墓碑。

[tso³⁵tʰɔ³³tʰo⁴²tsɿ³¹]"引路童子"

灵柩两侧纸扎的人像,是为逝者引路的童子。年纪较长的逝者用鱼鹤童子,较年轻的逝者用莲花童子,女性年长者去世则用接引佛等。

7-65◆周城(施作模摄)

7-69◆周城

[mo³²]"坟墓"

安葬逝者的坟墓。旧时普通人家的坟墓是在埋了棺材的地面上堆土为坟,外部再用砖堆砌,坟头中间留出一个神龛大小的位置镶入墓碑,上书逝者名讳、生卒年月及子孙后代的名字。出殡前,墓碑会竖在灵柩前面,下葬以后,墓碑就镶嵌在坟头。洱海南面的白族讲究在墓碑上书写逝者名讳时要写11或16个字,因为11或16个字即数两或三遍"生老病死苦"之后再加"生",寓意为望逝者托生。如今,随着人们生活水平的提高,坟墓会采用一些大型的石雕坟头,上方多为圆弧形。一般一个村庄或一个家族的坟地都集中在一起,通常是在离村庄较近的山上。每个家族的坟地均从高到低按辈分安葬逝者,每一辈排成一排,下一辈则在下方一排。

大理白语 柒·婚育丧葬

243

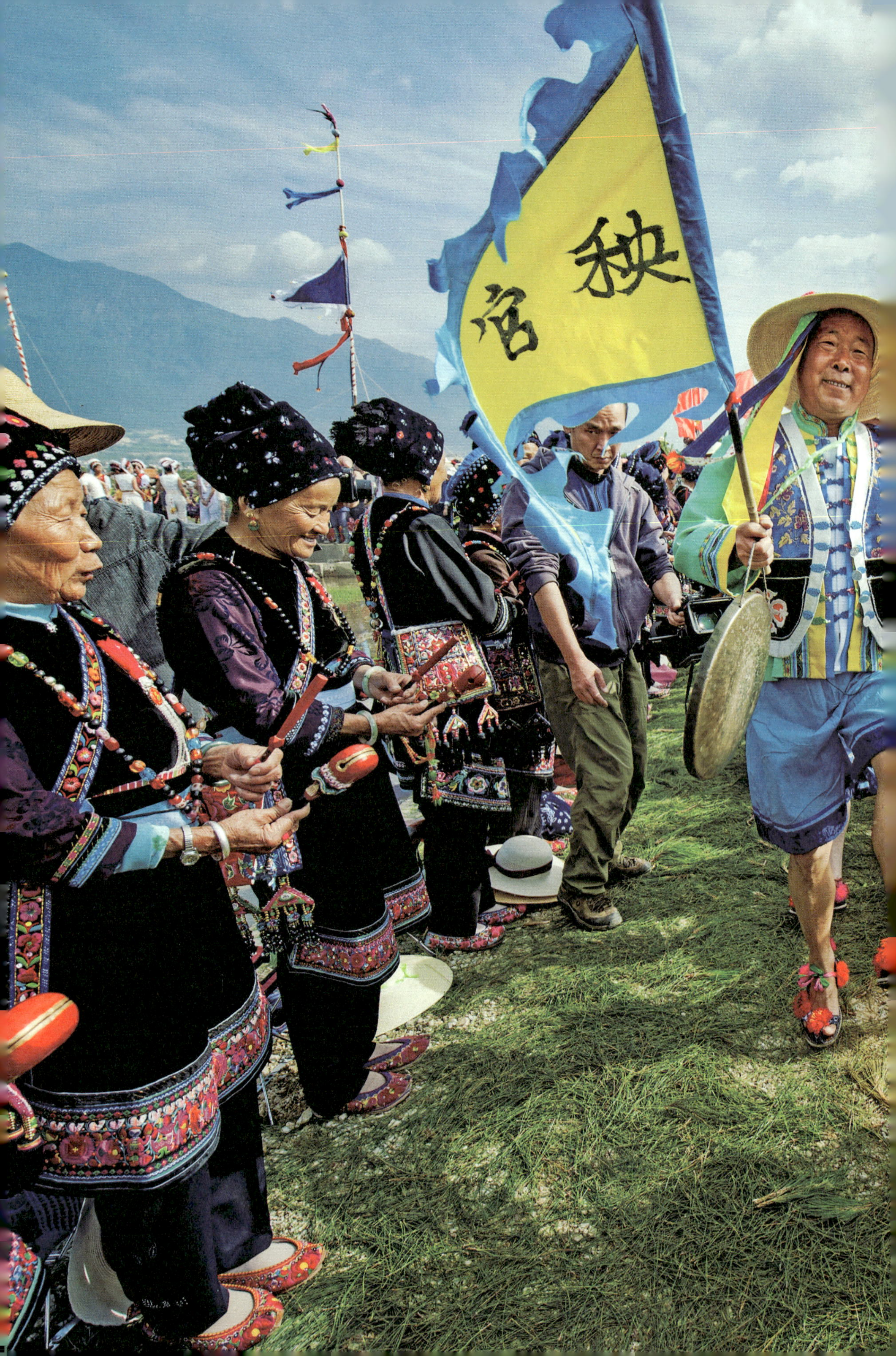
秧
官

捌·节日

大理白族的节日主要有本主节、栽秧会、绕三灵、火把节、蝴蝶会、三月三和观音会等。同时也过春节、元宵节、清明节、端午节、中元节、中秋节、冬至节等。其中本主节、春节和火把节白族人参与度高，节俗丰富。

白族本主节最有特色。当地人认为本主掌管着每个人的一生，每个人从出生到去世，每件人生大事都需要向本主报告。每位本主都有相应的本主节和会期，本主节也是全村最为隆重的集体节日，不仅全家积极参与节庆活动，还邀约村外亲朋好友欢度本主节。不同村落的本主节日期不同，但大部分在正月间。

白族文化是中华传统文化的一部分，春节、元宵节、清明节、端午节、中元节、中秋节、冬至节等节日也体现出中华传统节俗的共同特点，如大年三十要封门，端午节吃粽子，中元节祭祀祖先，中秋节吃月饼等。同时，这些节日中也有一些与汉族不

同的习俗，体现出独特的民族文化特征。

　　火把节也是一个隆重的节日，在白族人眼中，火把节是一个祈求风调雨顺、五谷丰登、具有祛病禳灾功能的节日。火把节同时也是彝族的重要节日。原本大理的白族火把节是农历六月二十五、彝族火把节是六月二十四，后来两个民族共同商议，将火把节统一定在农历六月二十五，共同庆祝。

　　白族的节庆民俗活动也体现了白族民间信仰中儒释道合一的特点，很多节庆既是节庆又是会期，既举办庆祝活动，也举办祈福活动。比如蝴蝶会既是青年男女相识的节日，也是龙王会，既有白族对唱，也有各村洞经古乐会和莲池会前往举行祭祀活动，念诵经文，祭祀神佛，祈求平安。

8-4 ◆周城（施作模摄）

[ke³¹tɔ³¹ɕo³⁵] "点大香"

正月初一在家门口两边点粗大的香。家中办红事、白事、建房等也会点大香。

[ʐɯ⁴⁴tsʰɯ³¹] "吃素"

正月初一上午的第一顿饭要吃素，可吃素汤圆或素斋菜，吃素斋菜即称为[ʐɯ⁴⁴tsʰɯ³¹] "吃菜"。斋菜一般用芋头、豆腐、小青菜等煮成。

8-5◆喜洲

[tue³²tue³²] "对联"

在春节、婚丧嫁娶等仪式中贴在门框两旁的对偶语句。年三十下午，将旧的对联撕下，换上崭新的祝福新年的红纸对联，贴对联的顺序都有讲究。对联的颜色也有讲究，一般喜事贴红对联；丧事则根据逝者的年龄选择，高寿者贴黄色或红色对联，未婚即丧贴白对联，中年去世、有子女的，贴绿色对联。此外与做法事有关的如安龙谢土等则贴黄色对联。

8-1◆周城

[kua⁴⁴xuo³⁵tsɿ³³] "挂红纸"

春节时除了门上贴对联、门神外，还会在院内种植的花草茎干上缠一圈红纸求吉利。

[xua⁴⁴ɣɯ³³tsɔ²¹] "煮汤圆"

特指正月初一或立春时煮食素汤圆。正月初一或立春早晨的第一餐一般都要吃素，常常是将糯米做的汤圆和饵丝、米花煮在一起，加红糖食用。

8-2◆周城

8-3◆周城

249

8-8 ◆周城

二本主节

[ta³⁵we⁴²]"抬本主"

本主像背上轿之后由村中年轻男子抬着在村中游行。最后抬至村中心的城楼上，将本主像从轿中背出，正对戏台放下。

8-7◆周城

[ne³¹we⁴²] "背本主"

  本主像需要由人背着接上轿子，又由人背着下轿。周城村负责背本主的是村里上一年结婚的青年男子。当地人认为，本主看到天会不吉利，所以出庙前，要在本主像上盖上一块红布，直至巡游结束落座了，才将红布取下。

[tɕa⁴⁴we⁴²] "接本主"

  大理很多白族村都有接本主的风俗。周城村的本主节在每年农历正月十四到正月十六。平日本主的塑像在庙中，到了正月十四，本主像会由村中青年男子背出放在专门的轿子中。走在接本主队伍最前面的是莲池会和洞经会成员，一路诵经谈唱，中间为年轻人抬着的本土轿子，后面是跟随的村民。

8-6◆周城

8-9◆周城

[ʑɯ³⁵we⁴²]"迎本主"

　　村民在家门口迎接本主的仪式。本主被接出之后,队伍会在村中游行一圈,家家户户都在大门口点上香火盆,摆好鞭炮,待本主轿经过时放炮仗迎接。有的人家还会准备水、饮料及小食品,摆在门口为队伍补充体力。

[ʑɛ³²sɿ³⁵ʑɛ³²ʑɯ³³]"背书背砚"

　　接本主和跟随游行的队伍中有部分男童穿着节日盛装,背着一个木制背架,架子里面放着一本线装古书,一个木头仿制的砚。寓意孩子长大后读书高中。

8-10◆周城

252

8-11◆周城

[sua³¹ nv̩²¹]"耍龙"

　　将本主像抬至村口门楼上后，耍龙的队伍要在戏台和门楼之间表演。一些村子的耍龙队必须是由男性组成，而周城村的耍龙队伍则都是女性。

[tɕʰo³¹ɕi⁴⁴]"唱戏"

　　耍龙结束后，戏台上开始唱戏，既娱乐村民，也供养神仙。必演的曲目是《财神榜》，以此祈求全村一年兴旺。

8-12◆周城

三 清明节

8-13 ◆周城

[tso³³mo³²]"上坟"

　　到逝者坟前祭拜。大部分地区每年清明时节上坟扫墓，有的地区则一年上两次坟，时间分别是清明和农历十月。

[pe⁴²ʂɿ⁵⁵ɣɯ³³]"插柳"

　　清明节有"插柳"的习俗。妇女、儿童在上坟时，常戴柳叶帽，也有的折柳叶别于身上或头发上。

8-15 ◆周城

8-14◆周城

[ka⁴⁴tɕɯ⁴⁴] "祭拜"

上坟时，先焚香烧纸祭拜山神土地和先祖，然后在逝者墓前放置供品祭拜。祭品一般是鸡、鱼、豆腐、米干等。

[wɛ²¹ɕo³³xɛ³⁵] "茴香汤"

在洱海南岸的白族村落中，茴香汤是清明上坟时必做的菜。用茴香与藠头、豆芽、蕨菜等煮成汤食用。寓意对失去亲人的思念。

8-16◆下关

255

8-19◆周

[fv̩⁵⁵tɕi²¹] "秧旗"

  栽秧会中插在田边的旗子，高12米，以蓝色为主，因蓝色象征水。秧旗顶端扎着五彩雉尾，下面用秧苗扎成升斗状固定在旗杆上，象征"五谷丰登"。旗杆中上部挂着用犬牙形白布、黄布镶边的红色或蓝色的三角大旗，旁边还系有丝绸飘带、铜铃等五彩饰品。完成 [tse³²tɕi²¹] "祭秧旗"的仪式后，由盛装的男子将秧旗扛至田间竖起叫 [ta³⁵fv̩⁵⁵tɕi²¹] "抬秧旗"。栽秧会的整个仪式中，秧旗不可倒地。

8-18◆周城

8-20◆周城

[ta³⁵tsʅ²¹ta³²] **"抬秧担"**

旧时栽秧会时会有专人挑着装有秧苗的担子送至田边。现一般只是用装饰性的担子，不放秧苗。

8-21◆周城

[tsa⁴⁴xɔ⁵⁵liɯ⁵⁵] **"掌号令"**

在开秧门、插秧等重要环节，有专人负责吹牛角号发令。

[tsɔ⁵⁵tsʰɛ⁵⁵tɕi²¹kʰɣ⁴⁴] **"对歌"**

栽秧会的队伍到达田间，妇女开始下田插秧，其中几个妇女在插秧间隙会[tɕi²¹kʰɣ⁴⁴] "唱曲"，制造轻松愉快的气氛，缓解插秧的疲劳，周围的人中也会有人[tsɔ⁵⁵tsʰɛ⁵⁵] "对唱"。

[tsʅ²¹kua³⁵] **"秧官"**

负责主持栽秧会仪式的男子。一般由村民选出一位有威望又擅长说唱的人做秧官。秧官负责主持祭秧旗、抬秧旗等仪式，还需要在田间即兴组织对歌等娱乐活动。大理白族传统的栽秧会是在春耕栽插时节为祈祷风调雨顺、五谷丰登而举行的一种祭祀活动。

8-22◆周城

8-17◆周城

五 端午节

8-25◆沙□

[pɔ³⁵tso⁵⁵tsɿ⁴⁴] "包粽子"

  端午节时，用竹叶把糯米包住，扎成类似三角锥体形状，煮熟后食用。白族地区过去端午节吃包子，并不吃粽子，后来逐渐形成吃粽子的习俗。糯米中掺入土碱以便于消化，粽子个头较小，民间以"三寸金莲"来形容粽子的大小。

[ɕɔ³⁵xua³⁵pɔ³⁵] "雄黄包"

  装有雄黄粉的小纸包。纸包约手掌大小，印有甲马图案，纸包内封装有少量雄黄粉末。常将雄黄包折叠成小扇的样子，中间系上五色线，固定在孩童衣服上或者扎在孩童头发上，可避蛇和蚊虫。

8-24◆周城

8-23 ◆周城

[pɯ⁴⁴ɕɔ³⁵xua³⁵] "抹雄黄"

给孩童抹雄黄粉。农历五月天气湿热，蚊虫增多，容易发生各种瘟病。民间有 [mv³³wa⁴⁴tɯ⁴²wa⁴⁴wa⁴⁴] "五月是毒月"的说法。端午节时，长辈会在孩童眼角、耳朵眼外抹上雄黄粉，有驱蛇和蚊虫的效果。

[vɣ²¹zo⁴⁴] "消食药"

端午节时很多人都会服用的助消化药。由十几味中药材混合而成，磨成粉末状，端午节时与炒面混合加热水搅拌成糊状食用，据说有消食化积的功效。

8-26 ◆周城

大理白话

捌·节日

259

六 火把节

8-30 ◆周城

[li³⁵xuɯ³³tsue³¹] "竖火把"

祭过火把后，村中年轻男子使用绳索在不同方向牵拉，合力将大火把竖起来。

[vʏ⁴⁴sɯ³³xuo³⁵] "染指甲"

火把节前一天，妇女儿童常用 [tɕa⁴⁴tɕʰɯ⁵⁵xuo³⁵] "凤仙花"的根加一些红色的果皮捣烂后包裹在指甲上，将指甲染成红色。这一习俗是为纪念六诏时期邓赕诏诏主之妻白洁夫人。

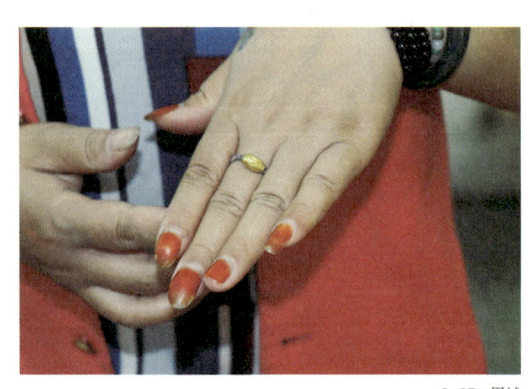

8-27 ◆周城

8-28◆周城

[tsa³⁵xue³³tsue³¹] "扎火把"

  特指扎火把节用的大火把，即用一棵大树的树干，将麦秆、木柴、松明等易燃物捆扎于树干周围，上面插升斗、香、小旗子、水果等。

[tse³⁷xue³³tsue³¹] "祭火把"

  扎好的火把在竖起来之前，要请村中长者环坐于火把前方，焚香、奏乐、磕头祭火把。

8-29◆周城（杨建伟摄）

8-31◆周城

[su⁵⁵xue³³tsue³¹] "烧火把"

　　天快黑的时候,由专人爬上竖着的大火把将其点燃。大火把点燃后,老人们常常背着小孩到大火把下面绕几圈,认为可以祛病消灾。男童和年轻男子也会带上一个装着松香面的袋子,点起小火把到村里玩,路上遇到长辈或亲友时,会将火把凑近他们的脚边,然后抓一把松香面撒在火把上,火焰立即腾起,民间认为,这样可以为对方消灾祛病。

[xue³³tsue³¹] "火把"

　　指普通的手举火把,多用松木制成。小孩的火把常插升斗和柏树枝装饰。

8-33◆周城

8-34◆周城

[so³³xue³³tsue³¹te⁴⁴] "送火把根"

  火把节第二天，由专人将火把燃尽后的灰烬、残枝等清扫整理到一起，再由妇女焚香祭拜过后，由吹打的师傅一起送去海边掩埋。

[suɯ³⁵tɯ³³pa⁴²] "升斗"

  竹篾扎成斗形，再用彩纸糊裱而成，四角有三角形的小彩旗。升斗大小不同，层数有一至三层。在大火把上扎的大升斗一般是三层，用以祈求丰收，寓意"连升三级"。

8-32◆周城

七 中元节

8-37◆周城（杨雪摄）

[tɕa⁴⁴ɕi⁵⁵ŋɣ⁴⁴]"接祖先"

农历七月初一开始，各家根据自家的安排在三天内接逝去的祖先回家享受供奉。接祖先时需端供品到门口，焚香烧纸磕头，"呼唤祖先回家"。

[su⁵⁵pɔ³⁵]"烧包"

农历七月十四日晚饭后，将 [pɔ³⁵] "包"长方形的纸包，内装黄纸包着的金银锞，纸包上面写逝去祖先的名讳、彩纸制成的"祖先衣"、鞋等搬至门口，一面叫祖先名讳一面烧掉，意为将银钱用品烧给祖先。

8-40◆周城

8-35 ◆周城

8-36 ◆下关

[ɕi⁵⁵ŋv̩⁴⁴xuo³⁵] "祭祖花"

农历七月初接祖先前需备下"祭祖花"插于堂屋中祖先坛前。祖先花一般由柏枝、松果、菊花等组成。

[ɕi⁵⁵ŋv̩⁴⁴pɛ²¹] "祖图"

白色的卷轴，上书历代先祖的名讳，从七月初一到七月十四须在堂前挂起来。

[ɕi⁵⁵ŋv̩⁴⁴zi³⁵] "祖先衣"

彩纸剪成的衣服。本地会按照白族人的穿戴和服装样式来制作祖先衣。男女款式不同，在烧包时一起烧掉。

[kɣ⁵⁵ɕy³³xɛ⁵⁵zʅ³¹] "冷水饭"

冷水加米饭和少许茶叶制成的冷水饭，是接祖时必备的。

8-39 ◆周城

8-38 ◆周城

大理白语 · 捌 · 节日

265

八 中秋节

8-43◆周[城]

[tse³²mi⁵⁵wa⁴⁴] "祭月"

中秋节晚上的拜月仪式。中秋节晚上，要点起香，将月饼、水果等供品放在院中祭拜月亮。拜月的过程中，家中的长辈还要说上几句保佑家庭的吉利话。拜月之后一家人边享用食物边赏月闲聊。

[tsɯ⁴²] "枳"

指枳的果实。有香气，味酸涩，可以入药，具有消食、镇咳、祛痰的功效。于中秋节前摘下，剁细后掺入月饼的馅料中。制作传统的白族月饼必须要放枳。

[piɯ³¹tsɿ⁴⁴] "月饼"

八月十五吃的饼。旧时常是自家手工做的大月饼，有光饼、火腿饼、糖饼等，传统做法要在月饼中加入枳实和农历六月成熟的橘皮，表面撒芝麻花生。现在也吃五仁、火腿、豆沙等小月饼。

8-41◆周城

8-42◆周城

8-45◆大理（施作模摄）

九 其他节日

[sa⁵⁵wa⁴⁴tsɿ³³]"三月街"

白族民间盛大的传统节日和 [xue³³tɕʰi⁴⁴]"会期"。大理地区流传着观音降服罗刹护佑百姓的传说，"三月街"是由祭祀观音的庙会发展形成的物资交流盛会。每年农历三月十五开始赶集，持续七天，大理附近各地各民族聚集在大理古城做贸易，同时进行赛马、射箭等民间娱乐活动，热闹非凡。1991年，三月街被定为"三月街民族节"。

[sa⁵⁵wa⁴⁴sa⁵⁵]"三月三"

农历三月初三是大理白族地区普遍都过的节日，但各地习俗不尽相同，有的是祭本主，有的是接金姑（传说中白王的公主，远嫁给巍山南诏王，每年要回娘家探亲，这一日要返回）。大理市湾桥镇保和寺的三月三活动规模较大，多个村的莲池会都来到保和寺的山脚空地处诵经祈福，也有人专门来对唱白族调，很多小商贩在道路两边摆摊售卖食品及日常生活用具。

8-44◆湾桥（杨建伟摄）

8-47◆大理（施作模摄）

[se⁵⁵ma³¹] "赛马"

一种运动项目，比骑马的速度，是三月街期间最受关注的民族体育表演赛。每年除了大理本地骑手，还有邻近的丽江、中甸等地的选手参加，甚至还有来自内蒙古、西藏等地的选手参赛。

[kɔ⁵⁵li⁴⁴xue³³] "蝴蝶会"

大理市白族的一个传统节日。蝴蝶会的日期是农历四月十五，地点是位于周城村的蝴蝶泉。蝴蝶泉的由来有个传说，从前有个王爷想强抢雯姑为妻，雯姑和恋人霞郎就跳进一个无底潭化作一对彩蝶。此后这个无底潭就改名为蝴蝶泉。蝴蝶会当天，周围白族村中的男男女女都会到蝴蝶泉边游玩，莲池会和洞经会则在蝴蝶泉边念经、谈演洞经、祭拜龙王。

8-48◆周城

8-49◆庆洞（杨建伟摄）

[kuɛ³³sa⁵⁵la²¹]"绕三灵"

　　大理白族的重要民间节日。农历四月二十三至四月二十五在大理崇圣寺、喜洲庆洞村圣源寺等地进行。大多是中老年男女参加。节日期间，人们唱歌跳舞、拜神祈福，热闹非凡。相传起源于唐南诏时期，是国家级非物质文化遗产。

[tso³³ʑi²¹ta²¹]"上刀山"

　　白族节庆期间的一项活动。在两根长十余米的木头中间绑缚上36把长刀制成"刀山"，人群在"刀山"周围舞龙耍狮热闹一番过后，表演者光手赤脚攀爬"刀山"直至登顶。现在洱海东岸的双廊镇青山村仍保留此活动，每年都在本主节期间表演。

8-46◆大理（施作模摄）

8-53 ◆大理

[xue³³tɕʰi⁴⁴] "会期"

  结合民间节庆与物资交流的集会形式。大理白族地区会期繁多，有以交易为目的的三月街、葛根会、鱼潭会等，更多的是各地有民间信仰色彩的会期，如三月三龙王太子会、红山会、观音会等。

[ʐo⁴²tɕʰi⁴²sɤ⁵⁵] "摇钱树"

  特指绕三灵中对唱的两人手扶的柳树枝。摇钱树上挂葫芦、镜子、红黄绸带。两个手持拂尘或毛巾的人共同扶着摇钱树作为绕三灵队伍的先导，边唱白族调，边重复俯仰身体的夸张动作，挥动拂尘大步慢慢向前走。

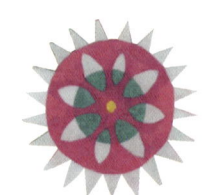

8-51 ◆庆洞（杨建伟摄）

[tʰe⁵⁵ʑa⁵²kɔ⁴⁴] "太阳膏"

  白族人在绕三灵期间使用的装饰品。将彩纸剪成太阳形状，用特质药膏贴于头两侧太阳穴处，据说是表示对太阳神的崇拜，同时也有解暑提神的功用，参加的人几乎都会贴太阳膏。

8-50 ◆周城

8-52◆海东镇下阳村（杨士斌摄）

[ʐo³⁵xuo³⁵ʑe²¹]**"游花船"**

　　海东的白族村举行的花船竞赛活动。"游花船"在火把节举行，各村派出自己的"花船"，在海东的海湾竞赛。花船船身绘彩色龙纹图案，船的桅杆放置着代表五谷丰登的升斗。过去每年都"游花船"，现在举行的次数有所减少。

本章包括口彩禁忌、顺口溜、俗语谚语、歌谣、曲艺和故事六个部分。

在一些重要的活动和仪式中，常说一些吉利话。婚礼中的口彩大多是辟邪或祈求夫妻和睦、多子多福的内容。在祭祀本主或其他神灵时则多是祈求健康、平安或招财等内容。在上梁等活动或一些宗教仪式中说的吉利话，多为驱邪或招财以及祈求平安、健康、多子等内容。禁忌语是出于某些原因使用的一些隐讳、避讳的婉辞。顺口溜是一些俏皮话。俗语谚语是与生产生活等相关的内容，其中以人生哲理类数量最多。歌谣主要是民间一些儿童游戏中说唱的童谣。

大理白族的曲艺形式主要有白族调、大本曲、吹吹腔三大类。白族调是日常唱的抒情小调，有的用白语演唱，有的则白汉夹杂。一般曲调较短，内容丰富，形式灵活。大本曲被称为 [tɔ³¹pɯ³¹tsɹ⁴⁴khɣ⁴⁴] "大本子曲"，是一种说唱长篇故事的曲艺，三弦伴奏，有曲本。从语言形式上看，大本曲有主要用白语演唱的 [pe⁴²khɣ⁴⁴] "白曲" 和主要用汉语演唱的 [xa³²khɣ⁴⁴] "汉曲" 之分。唱词句式以 "三七一五"（3个七字句、1个五字句）

玖·说唱表演

的"山花体"最为常用。大本曲分为南腔、北腔、海东腔等流派。南腔委婉，北腔质朴，海东腔兼有南北二腔的特点。较有名的传统大本曲唱本有《梁山伯与祝英台》《辽东记》《白王的故事》等，内容大多有教育意义。大本曲在白族民间经过了数百年的发展，是白族人民精神生活中不可缺少的艺术形式。吹吹腔也有南、北派之分，大理市以南各县流行的为南派，以北各县流行的为北派。吹吹腔多为汉语，在起房盖屋、迎神婚嫁中常演。

白族的口彩禁忌、顺口溜、俗语谚语、歌谣、曲艺等大多以白语为主，但也有不少内容是用白语语调念唱汉语，或是白语汉语混杂的形式。

本章不收图片，体例上与其他章不同。各部分按句分行，每句先列国际音标，再进行汉语直译，后加汉语意译。故事讲述中，或有语流音变现象（变调、合音等），依据讲述人的实际发音记录，民歌、大本曲和吹吹腔中的演唱部分按原词读音转写，如有音变则按实际读音转写。

一口彩禁忌

1. le³¹ kuo³⁵ le³¹ tɔ³¹ "快长快大"
   越 长　越 大
   （祝愿小孩子健康成长时所说的吉利话。）

2. tɕ³¹ xɔ³¹ "顶房子（好）"
   顶 房子
   （住宅封顶仪式中，常在房屋各中柱上贴写有"好"字的红纸，因白族读汉字"好"与白语 xɔ³¹ "房子"同音，既取中柱顶好房子，住房坚固之意，又有汉语"顶好"之意。）

3. kɔ⁴⁴ su̠³³ "高升"
   高升
   （在住宅封顶仪式中，常有亲戚送"米糕"，因"糕"与"高"同音，寓意"高升"。）

4. a⁴⁴tɕa⁴⁴ "安家"
   安家
   （在住宅封顶仪式中，在院子正中放一马鞍，因"鞍"与"安"同音，寓意"安家"。）

5. ta⁵⁵ fa³⁵ ta⁵⁵ wa⁵⁵ "大发大旺"
   大 发 大 旺
   （在许多供奉祈福和喜庆的仪式中，常用作祝祷词。）

6. tɕa⁴⁴ fv³⁵ tɕa⁴⁴ so⁵⁵ "加福加寿"
   加 福 加 寿
   （在家庭的许多供奉祈福和喜庆的仪式中，常用作对老人的祝祷词。）

7. lɔ²¹ sa⁵⁵ lɔ²¹,
   筛 三 筛
    筛三下，

   pɔ³³ sa⁵⁵ pɔ³³,
   簸 三 簸
    簸三下，

   kɛ⁵⁵tsɿ⁵⁵sua⁴⁴ kʰɯ⁵⁵ xuo³⁵,
   今年   开   花
    今年开花，

   ɣɯ³³sua⁴⁴ tso⁴² kʰuo³³.
   后年   结   果
    明年结果。
   (在结婚前的拜井神仪式中使用的祈子口彩。)

8. tsɿ³⁵ tso²¹ tsɿ³⁵ tso²¹,
   安 床 安 床
    安床安床，

   tso²¹ tso³⁵ tsɿ³⁵ xɯ³⁵ ȵo⁴⁴ pɯ³¹ zo²¹,
   床 张 安 起 要 不 摇
    床安好了不要摇，

   tsɿ⁴⁴ na³⁵ xa⁵⁵ pɔ³¹ a³¹ tɔ³¹ tɕʰɛ⁵⁵.
   子(语助) 生 他 一 大 屋
    儿子生他一满屋，

   ȵɣ³³ na³⁵ xa⁵⁵ pɔ³¹ a³¹ tɔ³¹ tso²¹.
   女(语助) 生 他 一 大 床
    女儿生他一满床。
   (婚礼前一天晚上安喜床仪式中使用的祈子口彩。)

9. lɔ²¹ tu³¹ pe²¹ tsɯ³³ we²¹ lɔ³² we²¹,
   筛子 这 个 是 圆 又 圆
   这个筛子圆又圆，

   pɯ⁵⁵ xɯ³¹ tsua³³ tu⁴⁴ tsɔ⁵⁵ tɕɯ⁵⁵ pɔ³¹,
   它领格 里 蹲 得 照 镜 宝
   里面蹲着照镜宝，

   ŋɔ³¹ ka⁴⁴ kɛ⁵⁵ȵi⁴⁴ tɕɛ³² xɯ⁴⁴ ʐɯ³⁵,
   我 把 今日 钉 起 来
   今日我把它钉起来，

   ɣɯ³³sua⁴⁴ kɛ⁵⁵ȵi⁴⁴ tu⁴⁴ tsɿ⁴⁴ ȵi²¹,
   后年 今日 得 子 个
   明年今天得儿子，

   tɕo⁴⁴ pɔ³¹ tso⁵⁵ tsua⁵⁵ʐue⁴².
   让 他 中 状 元
   让他中状元。

   （婚礼中，新娘入洞房前，将"钉镜筛"钉在门上时使用的祈子口彩。）

10. tsʰe⁵⁵ ȵi²¹ pe⁴⁴ ȵi⁴⁴ kʰɯ³¹, pɛ³¹ sɿ³¹ pe²¹ tɕʰi⁴⁴ wa⁴⁴.
    钱 银 走 进 里 病 痛 扒 出 外
    钱财向里走，病痛往外出。

    （敬本主或家中供奉仪式中常用的避凶求吉的话语。）

11. ʑi³⁵ pʰa⁴² se⁴⁴tsɿ³³ ʐue⁴² ʐo⁵⁵ ʐue⁴²,
    一 盘 筛子 圆 又 圆

    tɕɯ⁵⁵ tse⁵⁵ mɯ⁴² sa⁵⁵ tsɔ⁵⁵ ɕi³¹ ȵe⁴²,
    钉 在 门 上 照 喜 年

    tso⁴⁴tɕe⁴⁴ pɔ³¹tɕɯ⁵⁵ pi⁵⁵ ɕe⁴²tɕʰi⁵⁵,
    中间 宝镜 辟 邪气

    ʐɔ⁴⁴mɔ⁴²kue³¹kue⁵⁵ tɕɯ⁵⁵ pu³⁵ le⁴²,
    妖魔鬼怪 进 不 来

ʑi³⁵ sua⁴⁴ xo⁴²kʰue⁵⁵ tɕɯ³¹ tɕʰe³³ tsɣ⁵⁵,
一　双　红筷　顶　天　柱

pɛ³⁵xu³¹ pu³⁵ ka³¹ sa⁵⁵ tʰa⁴² le⁴²,
白虎　不　敢　上　堂　来

pɔ³¹zo⁵⁵ fɣ⁴⁴tɕʰi⁴⁴ sɯ³³ kue⁵⁵tsɿ³¹,
保佑　夫妻　生　贵子

fɣ³⁵sʊ⁵⁵ va⁵⁵va⁵⁵ ȵe⁴².
福寿　万万　年

（用白语腔调说的汉语口彩。婚礼中，新娘入洞房前，将"钉镜筛"钉在门上时使用的祈子口彩。）

12. a³¹ sua⁴⁴ tsɿ⁴²ne⁴⁴ wa⁴⁴, wa⁴⁴ wa⁴⁴ pɔ³¹ pʰiɯ⁴²a⁴⁴,
一　年　十二　月　月　月　保　平安
一年十二个月，月月保平安。

kɛ⁵⁵tsɿ⁵⁵sua⁴⁴ tsɯ³³ tsɿ⁴²sa⁵⁵ wa⁴⁴ tsɯ³³ wa⁴⁴ wa⁴⁴ pʰiɯ⁴²pʰiɯ⁴²a⁴⁴a⁴⁴.
今年　　　有　十三　月（语助）月　月　平平安安
今年有十三个月，月月平平安安。

（"十三个月"指有闰月的年份。敬本主等供奉仪式中常用的祈福话语。）

13. tsɯ³³ tsʰɿ⁵⁵kɯ³¹ "怀孕"
    有　身

14. kɣ³²ȵi⁴⁴ua⁴⁴ "坐月子"
    坐 日 月

15. ɯ³³sɔ⁴⁴xɔ⁵⁵ "去世"
    没（体助）了

16. kue³⁵se³⁵xɔ⁵⁵ "去世"
    归　西　了

17. tsʰɿ⁵⁵nɔ⁴⁴pɯ³¹ɕa³⁵ "怀孕"
    身　上　不　闲

二 顺口溜

1. ʐa⁴² tsʰɿ³⁵ so⁴⁴mɔ⁴⁴, ʐo²¹ ʐɯ⁴⁴ ʐo²¹.
   羊 吃 松毛 羊 吃 松
   羊吃松毛，羊吃松。

   ku³³pɔ³⁵ tɛ⁴⁴ ku³³, ku³³ tɛ⁴⁴ ku³³.
   老头 打 鼓 老 打 鼓
   老头打鼓，老打鼓。

   ɕi³⁵vɣ³³ ʐɛ³² ɕi³⁵, ɕi³⁵ ʐɛ³² ɕi³⁵.
   新媳妇 背 柴 新 背 柴
   新媳妇背柴，新背柴。

   fo⁴⁴ tsʰue⁴⁴ ʐɛ⁴²pa⁴⁴ tsɯ³³ pi³⁵ pʰɯ⁵⁵ pi³⁵.
   风 吹 盐巴 是 风 吹 盐
   风吹盐巴，风吹盐。

   （民间流传的，利用白语和汉语同音而编的诙谐的顺口溜。）

2. tɕi⁴⁴ tɕɔ⁵⁵ ke³⁵,
   鸡 叫 ke³⁵
     鸡叫 ke³⁵，

   ko³¹ tɕɔ⁵⁵ kʰua³³,
   狗 叫 kʰua³³
     狗叫 kʰua³³，

   mo⁴⁴li⁴⁴tsɿ⁴⁴ tɕɔ⁵⁵ tʰɔ⁵⁵lɔ⁵⁵mɛ²¹,
   毛驴子 叫 tʰɔ⁵⁵lɔ⁵⁵mɛ²¹
     毛驴叫 tʰɔ⁵⁵lɔ⁵⁵mɛ²¹，

278

ma³¹ tɕɔ⁵⁵ tsʰa⁴² ve³¹pa⁴⁴.

马　叫　长　尾巴

马叫长尾巴。

（民间流传的，为汉族人学白语词汇而编的诙谐的顺口溜。）

3. pɛ⁴² ʑi³⁵ xuo³³ pi³¹tɕa³⁵,

白　衣　红　褂

白衣红褂，

tʰɔ⁵⁵xu³⁵ tɕy³³kuʔ²¹ pɛ⁴² tsʅ⁴⁴pa⁴⁴.

桃红　嘴巴　白　牙齿

桃红嘴巴白牙齿。

（形容白族女孩美丽的样貌。）

4. ʐɯ⁴⁴ ka³¹na³⁵ ɣɯ⁵⁵ ɕy⁵⁵,

吃　橄榄　喝　水

吃橄榄喝水，

to³⁵ mɔ³³ tua⁴⁴ pɯ³¹ mi³³.

父　母　（宾助）不　想

不想念父母。

（吃了橄榄喝水有回味，应该念父母的恩情。）

5. ʊ⁵⁵kuɛ⁵⁵ xɤ⁵⁵ nɔ⁴⁴ pi³⁵ pɯ³¹ kɔ⁴⁴,

冬瓜　汤　上　盐　不　放

冬瓜汤里不放盐，

tse⁴⁴(pi³¹)　ɕy³³ nɔ⁴⁴ li⁵⁵ piɛ⁴².

还（比）　水　上　还　淡

比水还淡。

（用不放盐的冬瓜汤来形容人情淡漠。）

三 俗语谚语

1. ka⁴⁴ sɛ⁴⁴ nɔ³¹ ȵo⁴⁴ xua³⁵,
   乞丐 你 别 高兴
   　乞丐你别高兴，

   tɛ⁴⁴ lɔ³³ tsʰγ̩⁵⁵ xɯ⁵⁵ tsɛ⁴⁴ kɯ³⁵ na³⁵.
   打 了 春 后 正 冷 还
   　立春过后还会冷。
   　（民间流传的气象谚语。指立春之后气温还很低。）

2. to⁴⁴ tɕʰe⁴² to⁴⁴ xo⁵⁵,
   冬 前 冬 后
   　冬前冬后，

   ku³³ pɔ³⁵ wu²¹ tɕy³³ nɔ⁴⁴ tʰɯ⁵⁵ so⁵⁵.
   老头 胡子 嘴 上 下 霜
   　老头胡子上下霜。
   　（民间流传的气象谚语。冬至前后气温较低。）

3. mγ³³ wa⁴⁴ tɯ⁴² wa⁴⁴ wa⁴⁴.
   五 月 毒 月 月
   　五月是毒月。
   　（民间流传的气象谚语。因农历五月气候湿热，容易使人生病，而称之为"毒月"。）

4. tsʰɯ³¹ tsʰa⁵⁵ ʐo⁴² pe³³.
   菜 早饭 油 晚饭
   　早吃斋，晚吃荤（早素晚荤）。
   　（民间流传的节俗谚语。白族人家正月初一那一天的饮食习俗。）

5. ke³⁵ mɛ²¹ ʐɯ⁴⁴ tsʰa⁵⁵,
   鸡 叫 吃 早饭
   鸡叫吃早饭,

   sɣ³³ mɛ²¹ ʐɯ⁴⁴ pe³³.
   鼠 叫 吃 晚饭
   鼠叫吃晚饭。
   (民间流传的生活谚语。指勤劳的白族人早出晚归。)

6. tsɯ⁴² tsʰɣ⁴⁴ lɔ³² mɯ⁵⁵ tɕi³⁵ kɛ⁴²me²¹.
   贼 出 了 才 关 门
   贼走了才关门。
   (民间流传的哲理谚语。意为事后防备已经来不及了。)

7. mu³³ kua³⁵ tɕʰɔ⁵⁵ tɔ³¹ kɔ²¹.
   没 裤子 跳 大 海
   没穿裤子还跳大海。
   (民间流传的哲理谚语。比喻不自量力,自曝其短。)

8. to²¹ tɕi³⁵ mu³³ ȵi²¹ tɕʰɛ⁵⁵,
   话 多 没 人 听
   话多没人听,

   sɿ³³ tɕi³⁵ kʰua³³ pɯ³¹ ʐɯ⁴⁴.
   屎 多 狗 不 吃
   屎多狗不吃。
   (民间流传的哲理谚语。)

9. mɛ³³ tsʰɿ⁵⁵ le⁴⁴ se³⁵ ʑ̩²¹,
   马 失 赖 山神
   马丢了赖山神,

   te⁴² pe³¹ le⁴⁴ vɣ³³tsɯ³³.
   猪 病 赖 本主
   猪病了赖本主。
   (民间流传的讽刺谚语。)

10. ʐɯ⁴⁴ tɕi³⁵ pu³⁵ zu⁴² tso⁴² mu³².

    吃　多　不　如　嚼　细

   多吃不如细嚼。

   （民间流传的哲理谚语。）

11. ŋɤ³⁵ tɯ³⁵ xɯ³¹ vɤ⁴⁴ tɯ²¹.

    鱼　筐　里　泥鳅　条

    一筐鱼里的泥鳅。

   （民间流传的哲理谚语。因泥鳅在水中常扭动，意为"一颗老鼠屎，搅坏一锅汤"。）

12. ʐɛ³³ mu³³ kua⁴⁴ wu³³ku²¹.

    瘿袋　没有　挂　葫芦

    没有大脖子病，却挂个葫芦。

   （民间流传的讽刺谚语。意为"无事找事"。）

13. lɔ²¹ mɛ²¹ vɤ³³ so⁴⁴ tsue⁴⁴,

    老虎 叫　背　绳　断

    老虎叫时背带断，

     so⁴⁴ ȵɯ³² mu³² tsʰɤ³¹ tsue⁴⁴.

    绳子　根　细　处　断

    绳子细处断。

   （民间流传的哲理谚语。指关键时刻总是在薄弱处出现问题。）

14. ʐɯ⁴⁴ tsʰɯ³¹ pu³⁵ ti³⁵ sua⁴⁴ tsɿ³⁵ to²¹.

    吃　菜　不　及　说　真　话

    吃斋不如说真话。

   （民间谚语。意为无论怎么修行都比不上说真话。）

15. sɿ³³ tɕɯ³¹ mɯ⁵⁵ wa⁴² mɔ³⁵sɿ³⁵.

    屎　紧　才　挖　茅厕

    屎急才挖茅坑。

   （民间谚语。讽刺一些没有远见的人。）

16. tsɿ⁵⁵ sa⁵⁵ ɕɛ⁴⁴ pɯ³¹ ɕa³¹ ɕa³⁵,
干 三 天 不 想 闲
干三天不想休息，

ɕa³⁵ sa⁵⁵ ɕɛ⁴⁴ pɯ³¹ ɕa³¹ tsɿ⁵⁵.
闲 三 天 不 想 干
休息三天不想干。

（民间谚语。意为勤劳和懒惰都会很快成为习惯。）

17. sɯ³³ tsɿ⁵⁵ tse⁴⁴,
手 做 断
手做断，

fɣ⁴⁴ ʐɯ⁴⁴ le⁴⁴.
肚 吃 后仰
肚吃圆。

（民间谚语。意为"勤劳的人不会饿肚子"。）

18. ka³⁵ mɛ³³ sɿ³³ nɔ⁴⁴ zɣ³¹ tɔ³¹ tɕʰi⁴⁴.
干 马 屎 上 用 大 力气
干马粪上下大力。

（民间谚语。意为"在无意义的事上白费力气"。）

19. ȵi²¹kɛ³⁵ suã⁴⁴to²¹ nɔ³¹ pɯ³¹ tɕʰɛ⁵⁵,
人 说话 你 不 听
人说话你不听，

kɣ³³ kʰi⁵⁵ nɔ³¹ nɔ³¹ tsɿ⁵⁵ wa⁴².
鬼 牵 你 你 (助) 跑
鬼来牵手你跑去。

（民间谚语。形容人鬼迷心窍。）

20. a⁵⁵mi⁵⁵ xɛ⁵⁵ ɕa³⁵ ʑɯ⁴⁴ la⁴⁴kɛ²¹.
　　猫　　生　闲　吃　　腊肉
　　　猫清闲吃腊肉，

　　ɕy³³ŋu²¹ tso⁴⁴ tɕi³¹ ʑɯ⁴⁴ ka³⁵ma⁴⁴.
　　水牛　　犁　地　吃　干稻草
　　　水牛犁田吃干草。
　　　（民间谚语。讽刺社会不公，勤劳的人没有饭吃，一些人却坐享其成。）

21. tɔ³¹ pi³¹ɕi³¹ pɔ³⁵tʰa⁵⁵ la⁴⁴ka⁴⁴.
　　大　鼻涕　　嘲笑　　秃子
　　　大鼻涕嘲笑秃子。
　　　（民间谚语。意为"半斤八两""五十步笑百步"。）

22. xa⁵⁵ pi³⁵ nɔ⁴⁴ tsʅ³² ʑe²¹,
　　看　风　(助)　放　船
　　　看风驶船，

　　xa⁵⁵ pɛ³¹ nɔ⁴⁴ tsua⁴⁴ ʑo⁴⁴.
　　看　病　(助)　抓　药
　　　对症下药。
　　　（民间谚语。意为"随机应变"。）

23. ka³⁵ tsɤ⁴⁴ mɛ³³ nɔ⁴⁴ nɔ³¹ tɕʰi⁴⁴ ɕy³³.
　　干　竹　马　上　扭　出　水
　　　干竹拐棍都扭出水。
　　　（民间谚语。讽刺吝啬、压榨别人的人。）

24. sɤ³³ tu²¹ mɛ⁴⁴ ki³⁵ kɔ³⁵ we²¹ nɔ⁴⁴— xɔ⁵⁵ kɔ⁴⁴
　　鼠　只　爬　在　糕　甑　上　　耗糕
　　　老鼠爬到米糕上——耗糕（与"好高"谐音）

25. a⁵⁵mi⁵⁵ tu²¹ mɯ⁵⁵ pɯ³¹ tsʅ³⁵ ti⁵⁵— pɛ³¹ pɯ³¹
　　猫　　只　(助)　捎　油　点　白捎
　　　请猫带猪油——白带

26. tɛ⁴⁴ tso³³ le²¹ tsɯ³³ ko³³ tʰo⁵⁵ tsʰu⁵⁵— ne³⁵ tɕɛ³¹ pɯ⁵⁵ mu³² tsʰɣ³¹
    打 杵 个 有 两 头 粗 捏 着 它领格 细 处
    臼杵两头粗——捏着它的细处

27. tso⁴²kʰue⁵⁵ kɛ³¹ nɔ⁴⁴ tɕi⁵⁵ ɕy³³ wu⁵⁵— pɛ³⁵ tɕi⁵⁵
    石块 块 上 倒 水 点 白 倒
    石头上倒水——白倒（与"白亲"谐音）

28. so⁴⁴ ȵɯ³² nɔ⁴⁴ wa³³ xue³⁵— pɛ³⁵ suo³⁵
    绳 根 上 涂 灰 白 索
    绳子上涂灰——白索（与"白说"谐音）

29. to³³ tso³³ xue³³,
    上 烧 火
    上烧火，

    ɛ³³ ta²¹ ɕy³³.
    下 烧 水
    下烧水。

    谜底为"水烟筒"。

    本条及以下为谜语。

30. nɔ³¹ a³³ ŋɔ³¹,
    你 看 我
    你看我，

    ŋɔ³¹ a³³ nɔ³¹,
    我 看 你
    我看你，

    a³³ a³³ tsʅ⁵⁵ tɕi³¹ pa³¹ xɯ⁴⁴ nɔ³¹.
    看 看 着 起 绑 起 你
    看着看着绑住你。
    谜底为"纽扣"。

31. tɕi²¹ tɕɛ⁴² tɛ⁴⁴ tɕi²¹ kɛ³⁵,
    前　院　打　连　枷
    前院打连枷，

    ɯ³³ tɕɛ⁴² vɣ³³ ɕi⁴⁴ o⁴².
    后　院　雨　落
    后院下雨。
    谜底为"碓坊"。

32. we⁴⁴ ʐɯ³⁵ ʐɯ⁴⁴ nɔ⁴⁴ mɛ³²,
    为了　吃　的　买
    为了吃而买，

    mɛ³² tsɯ³⁵ ʐɯ⁴⁴ tsɛ²¹ tuo³³.
    买　来　吃　成　不能
    买来不能吃。
    谜底为"嚼子"。

四 歌谣

1. tɕi⁵⁵ ky̍⁵⁵ tɯ³⁵,
   叽 咕 噔
   　叽咕噔，

   tɕi²¹ ky̍²¹ tɯ³³,
   叽 咕 噔
   　叽咕噔，

   ke³⁵se³² sa⁵⁵ kʰue⁵⁵,
   鸡蛋 三 个
   　三个鸡蛋，

   me³³ sa⁵⁵ tɯ³³,
   米 三 斗
   　三斗米，

   ky̍³² tʰɯ⁵⁵ zɯ³⁵ tsɯ³³ tɛ⁴⁴ sɯ³³kɯ³³.
   坐 下 来 （助）打 石臼
   　坐下来打石臼。

2. pɛ⁴² mi³⁵wa⁴⁴,
   白 月亮
   　白月亮，

   pɛ⁴² ȵa⁵⁵ȵa⁴⁴,
   白 亮亮
   　白晃晃，

nɯ⁵⁵ me²¹ kʰɯ⁵⁵ a⁵⁵na⁴⁴?
你 领格 门 开 哪里
   你家在哪里？

ŋa⁵⁵ pe⁴⁴ nɯ⁵⁵ na⁴⁴ ɕa³⁵ wa⁵⁵ wa⁴⁴.
我们 走 你 领格 那里 闲 几 月
   我们去你那里玩几个月。

3. pa²¹pa³⁵ pa²¹pa³⁵ kʰo³¹ mɯ⁴⁴ pʰi³¹,
   粑粑 粑粑 烤 麦 张
      粑粑烤麦饼，

   ʐɯ⁴⁴ ŋɤ³⁵ sa⁵⁵ tɯ²¹ kʰɛ⁴⁴ ŋɤ³⁵ tɕʰi³¹,
   吃 鱼 三 条 卡 鱼 刺
      吃鱼三条卡鱼刺，

   ʐɯ⁴⁴ kɛ²¹ sa⁵⁵ kʰue⁵⁵ kʰɛ⁴⁴ kua⁴⁴ tɯ²¹,
   吃 肉 三 块 卡 骨 头
      吃肉三块卡骨头，

   ku⁵⁵ lu⁵⁵ ku⁵⁵ lu⁵⁵ kue³¹.
   咕 噜 咕 噜 滚
      咕噜咕噜滚。

4. kɤ⁵⁵tsʰɯ³¹ pe⁴⁴ xa⁵⁵ tsʰɯ³¹,
   腌菜 走 放 菜
      腌菜去放菜，

   kɤ⁵⁵a⁴⁴ pe⁴⁴ xa⁵⁵ a⁴⁴,
   旱鸭 走 放 鸭
      旱鸭去放鸭，

   a⁴⁴ tɯ²¹ xa⁵⁵ tsʰɻ⁵⁵ xɔ⁵⁵,
   鸭 只 放 失 了
      鸭子放丢了，

288

tɔ³¹ pi³⁵tso³³ tɛ⁴⁴ ɕa⁴⁴.
大　臼杵　打　死
　　大臼杵打死。

5. fɣ³⁵tɔ²¹tɕi⁵⁵,
野豌豆
　　野豌豆，

mɛ²¹ mɛ²¹ tɕi⁵⁵,
响　响　地
　　响响亮，

mɛ²¹ pʰia⁴⁴ tsʰɣ³³kɛ⁵⁵pɛ²¹,
响　到　仁和村
　　响到仁和村，

nɯ⁵⁵ mɔ³³ tse²¹ nɔ³¹ xuo³⁵ ʑi³⁵ kʰo⁵⁵,
你 领格 妈　缝　你　红　衣　件
　　妈妈给你缝件红衣，

nɯ⁵⁵ ti³³ tse²¹ nɔ³¹ xuo³⁵ ŋɛ²¹ tɕi³³,
你 领格 爹　缝　你　红　鞋　双
　　爸爸给你缝双红鞋，

tsʰɣ³³kɛ⁵⁵pɛ²¹ mɛ²¹ ta³² ʐɯ³⁵,
仁和村　　响　回　来
　　从仁和村响回来，

mɛ²¹ pʰia⁴⁴ ʐɯ³⁵ tsʅ⁵⁵tsɛ²¹.
响　到　来　周城
　　响到了周城。

五 曲艺

（一）白族调

1. 鱼调

sɯ³¹ se³¹ tɕi⁵⁵ ŋɤ³⁵ kɛ³⁵ tɯ⁴⁴ kɛ³⁵,
小 小 金鱼 吓 得 吓
  小小金鱼吓一跳，

tsɯ³³ lɔ⁴⁴ tɕɛ⁴²tɯ³⁵ na⁵⁵ mu³³ ɕy³³tɕɛ³³,
有 了 地基 （语助）没 水井
  有了地基没水井，

tsɯ³³ lɔ⁴⁴ tɕɛ⁴²tɯ³⁵ mu³³ ɕy³³tɕɛ³³ ʑa⁴⁴ tso²¹ xɯ⁵⁵ tsʰu³³ kɔ³⁵ ɛ³³,
有 了 地基 没 水井 （语助）藏 在 草 棵 下
  有了地基没水井藏在水草下，

pɛ²¹ɲi⁴⁴ ŋɔ³¹ tso²¹ kɔ²¹ ɕi³⁵ xɯ³¹,
平日 我 躲 海 心 里
  平日我躲在海里，

ʐo³⁵ tɕʰi³⁵ ʐɯ³⁵ lɛ⁴⁴ tsɿ⁵⁵ pe⁵⁵ pa⁵⁵ kɛ⁴⁴,
游 出 来 （语助）（语助）被 他们 捉
  游出来就被人捉，

ka⁴⁴ ŋɔ³¹ kɛ⁴⁴ ɲi⁴⁴ ŋɤ³⁵lɔ²¹ xɯ³¹ ʑa⁴⁴ ka⁴⁴ ŋɔ³¹ kɛ³⁵ tsɿ⁵⁵ ka³⁵ ʑa²¹ ka³⁵ tɕua⁴⁴,
把 我 捉 进 鱼筛 里 呀 把 我 吓 得 （助）跳 （助）抓
  把我抓进鱼筛里吓得我乱跳，

kɛ⁴⁴ ŋɔ³¹ puɯ³¹tɯ²¹ pɯ⁵⁵ we³³ tɛ³⁵,
捉 我 那个 他领格 眼 瞎

  捉我那个眼睛瞎，

mɛ³² ŋɔ³¹ puɯ³¹tɯ²¹ na⁵⁵ tso⁴² ka⁴⁴sɛ⁴⁴,
买 我 那个 （语助） 做 乞丐

  买我那个做乞丐，

ka⁴⁴ ŋɔ³¹ pe³¹ nɯ⁴⁴ tsɿ³³ ɕi³⁵ lɔ³⁵ tsɿ⁵⁵ lɛ⁴⁴ ni⁵⁵ fɛ³³ ŋɔ³¹ ɣɯ³⁵ fɛ³³,
把 我 摆 进 市集 中 了 （助） 又 您 翻 我 来 翻

  把我摆进集市中你翻了我来翻，

mɛ³² ŋɔ³¹ puɯ³¹tɯ²¹ tsʰɛ³³tɕi⁵⁵tɕo⁴²,
买 我 那个 赤身裸体

  买我那个光身子，

ʐɯ⁴⁴ ŋɔ³¹ puɯ³¹tɯ²¹ na⁵⁵ tso⁴² ka⁴⁴sɛ⁴⁴,
吃 我 那个 （语助） 做 乞丐

  吃我那个做乞丐，

ka⁴⁴ ŋɔ³¹ pe³¹ ke³⁵ tse³⁵tsɿ⁴⁴ lɔ³⁵ ni⁵⁵ tɕʰɛ³³ ŋɔ³¹ ɣɯ³⁵ tɕʰe³³,
把 我 摆 在 桌子 了 您 请 我 来 请

  把我摆上桌您请了我来请，

ŋɣ³⁵kɛ²¹ ŋɣ³⁵kɛ²¹ pa⁵⁵ ʐɯ⁴⁴ xɔ⁵⁵,
鱼肉 鱼肉 他们 吃 （体助）

  鱼肉鱼肉被人吃掉，

ŋɣ³⁵tɕʰi³¹ ŋɣ³⁵kuɯ³⁵ na⁵⁵ piɛ⁵⁵ tʰɯˤɛ³³,
鱼刺 鱼骨 （语助） 丢 下去

  鱼刺鱼骨被丢掉，

a³⁵mi⁵⁵ ta³⁵ tse⁴² kʰua³³ ta³⁵ tse⁴² tsɿ⁵⁵ la⁵⁵ tɕo³⁵tɕi²¹ kʰua³³ sa⁵⁵ tɛ⁴⁴.
猫 叼 段 狗 叼 段 （语助） 之后 导致 狗 互相 打

  猫叼狗也叼还让狗打架。

2. 白月亮白姐姐

pɛ⁴² mi⁵⁵wa⁴⁴ tsŋ⁵⁵ pɛ⁴² tɕi⁵⁵tɕi³³,
白　明月　(助)　白　姐姐
　　白月亮白姐姐，

tsɯ⁴⁴ɕɯ⁴⁴ sua⁴⁴ kɯ⁴⁴ nɔ³¹,
真心　　说　给　你
　　真心告诉你，

se³¹ n̩v³³the⁴⁴.
小　女弟
　　小妹妹。

kɔ⁴⁴ ɕa³¹ ʐɔ³⁵ nɔ³¹ tsŋ⁵⁵ xuo³⁵ɣɯ³³,
哥　想　和　你　做　花柳
　　哥想和你成双对，

sŋ⁵⁵tha⁵⁵ nɯ⁵⁵ kho³¹tɕhi⁴⁴.
试探　　你领格　口　气
　　试探你心意。

khɯ⁵⁵tsue³³ khɯ⁵⁵tsue³³ na²¹ khɯ⁵⁵tsue³³,
开嘴　　　开嘴　　　难　开嘴
　　开口开口难开口，

khɯ⁵⁵tsue³³ khɯ⁵⁵ tsŋ⁵⁵ tɛ³⁵tsue⁵⁵ n̩i³¹,
开嘴　　　开　(助)　得罪　　你
　　开口又把你得罪，

ta³⁵ pu³⁵ ta³⁵ʐɯ⁵⁵ tse⁵⁵zue⁴² n̩i³¹,
答　不　答应　　在于　　你
　　答不答应在于你，

xɔ⁴²pi³⁵ xa⁵⁵na²¹ɕi⁴⁴.
何必　　害羞
　　何必害羞。

292

pɛ³⁵ ʐuɛ³⁵ ȵa⁵⁵ za⁴⁴ pɛ³⁵ tɕi³³tɕi³³,
白　月亮　呀　白　姐姐
　　白月亮呀白姐姐，

tsɯ⁴⁴ɕɯ⁴⁴ xua⁵⁵ɛ⁴² suo³⁵ kɯ³² ȵi³¹,
真心　　话儿　说　给　你
　　真心话儿告诉你，

ŋɔ³¹ ɕa³¹ zɔ³⁵ ȵi³¹ tshɯ⁴² sua⁴⁴ tue⁵⁵,
我　想　约　你　成　双　对
　　我想和你成双对，

na⁴²tɛ³⁵ pa³¹ khɔ³¹ khe⁴⁴.
难得　把　口　开
　　难得把口开。

pu³⁵ khe⁴⁴khɔ³¹ le⁴² ɕɯ⁴⁴ pu³⁵ ɕi⁴⁴,
不　开口　　来　心　不　息
　　不开口来心不息，

khe⁴⁴khɔ³¹ ʐo⁵⁵ pa⁵⁵ tɛ³⁵tsue⁵⁵ ȵi³¹,
开口　　又　怕　得罪　　你
　　开口又怕得罪你，

ta³⁵ pu³⁵ ta³⁵ʐɯ⁵⁵ toe⁵⁵ʐue⁴² ȵi³¹,
答　不　答应　　在于　　你
　　答不答应在于你，

xɔ⁴²pi³⁵ xe⁵⁵ɕo⁴⁴ ȵi⁴⁴,
何必　　害羞　　呢
　　何必害羞呢，

ta³⁵ pu³⁵ ta³⁵ʐɯ⁵⁵ tse⁵⁵ʐue⁴² ɯi³¹,
答　不　答应　　在于　　你
　　答不答应在于你，

xɔ⁴²pi³⁵ xe⁵⁵ɕo⁴⁴ n̠i⁴⁴.
何必　害羞　呢
　　何必害羞呢。

（二）白族大本曲

小哭（《辽东记选段》）

tsʰɯ⁴²tʰo⁴² tsʰɯ⁴²ɕo⁵⁵ tɔ⁵⁵ xe³¹piɛ⁴⁴,
陈图　　陈秀　　到　海边
　　陈图陈秀到海边，

tɕi⁵⁵ tɕɛ⁵⁵ ti⁴⁴ti⁴⁴ ti⁴⁴ liɯ⁴²xue⁴²,
祭　奠　爹爹　的　灵魂
　　祭奠爹爹的灵魂，

te⁵⁵o³¹　xɔ³¹ sa⁴⁴ɕɯ⁴⁴,
（衬音）好　伤心
　　好伤心，

tsɔ⁴²　ko³³ tʰe⁴⁴ sua⁴⁴ ɕi³⁵ kue⁵⁵,
（语助）两　姐弟　双　膝　跪
　　姐弟俩双膝跪，

sɤ⁵⁵ ko⁴⁴ na⁵⁵ kɤ³¹ a⁵⁵ta⁴⁴,
顺　脚 （语助） 跪　这里
　　跪拜在这里，

a³¹ti³³ ʑɯ⁴⁴xue⁴² tɕʰɛ⁵⁵ ŋa⁵⁵ sua⁴⁴,
阿爹　阴魂　　听　我们 说
　　阿爹阴魂听我们说，

a⁵⁵　tsɿ⁴⁴n̠ɤ³³ pe⁴⁴ pʰia⁴⁴ a⁵⁵ta⁴⁴ ʑɯ³⁵ na⁵⁵ ka⁴⁴ a³¹ti³³ xa⁵⁵ sa⁴⁴,
（语助）子女　走　到　这里　来 （语助）把　阿爹　看　顾
　　子女来到这里看看阿爹，

tsɔ⁴² tsɿ³² ɲi⁵⁵ lɯ²¹xuo³⁵tɯ³⁵,
(语助)放 您 莲花灯

　　放一盏莲花灯，

tse⁵⁵ sɔ⁴⁴ zi³⁵ lu⁴² ɕa⁴⁴,
再 烧 一 炉 香

　　再烧一炉香，

tɕi³⁵ɲi²¹ na⁵⁵ tsɿ³³xue³³ pe³¹ a⁵⁵ta⁴⁴,
金银 (语助)纸火 摆 这里

　　金银纸箔摆这里，

tsʰɯ⁴²xua⁴²miɕ⁵⁵ lue⁵⁵ tɔ⁵⁵ tsʰɿ³¹ ti⁵⁵ na⁵⁵ kuo³¹pʰɯ³¹ zi³⁵ lu⁴² ɕa⁴⁴,
城隍庙 内 到 此 地 (语助)果品 一 炉 香

　　城隍庙内到此地，果品一炉香，

tsɔ⁴² tɕʰɛ⁵⁵tsɔ²¹ pe³¹ ɲi⁴⁴ kʰɯ³¹,
(语助)清茶 摆 进 里

　　清茶摆在里，

pɛ⁴²tsɿ³³ pe³¹ tɕʰi⁴⁴ wa⁴⁴,
白酒 摆 出 外

　　白酒摆在外，

a³¹ti³³ tue³⁵ xɯ⁴⁴ ɣɯ³³ pɔ³¹ pa⁴⁴,
阿爹 立 起 喝 它 碗

　　阿爹起来喝一碗，

a³¹ti³³ na⁵⁵ pɛ³⁵ tɕi³²xɛ⁵⁵ se³²kɛ³⁵ na⁵⁵ tsɿ⁵⁵ kʰɣ⁵⁵ ŋɛ²¹ kʰɣ⁵⁵ za⁴⁴,
阿爹(语助)白 出生 世间 (语助)(语助)空 去 空 回

　　阿爹白来到世间，空手来呀空手去，

tsɔ⁴² tɕi³⁵pʰɯ⁵⁵ ɲi⁵⁵ ɲi²¹pʰɯ⁵⁵,
(语助)金篇 和 银篇

　　金钱和银钱，

tɕɯ⁴⁴ zue⁴²pɔ³¹ zi³⁵ sua⁴⁴,
金 元宝 一 双

　　金元宝一双，

tɕi⁵⁵ɕo³³　le³¹vɣ³⁵　tsʅ⁵⁵　pe³¹　a⁵⁵ta⁴⁴,
多少　　礼物　　（语助）摆　这里

　　多少礼物摆这里，

kɣ⁵⁵ɕy³³　xɛ⁵⁵ʑʅ³¹　ɕo³⁵　sa⁵⁵　ka³⁵　na⁵⁵　le⁴²　tɕɯ⁵⁵　sa³³　tsɣ⁵⁵　ɕa⁴⁴,
冷水饭　　香　　三　根　（语助）来　敬　三　炷　香

　　冷水饭，三根香，来敬三炷香，

tsɔ⁴²　le⁵⁵tsʅ⁴⁴　ȵi⁵⁵　zue⁴²zue⁴²,
（语助）荔枝　　和　桂圆

　　荔枝和桂圆，

pɛ³⁵kuo³¹　ȵi⁵⁵　tʰa⁴²ɕa⁴⁴,
白果　　和　檀香

　　白果和檀香，

ɕy⁵⁵le⁵⁵　wu²¹tɔ²¹　na⁵⁵　fɣ³⁵so³¹ka⁴⁴,
梨　　　核桃　　（语助）佛手柑

　　香梨核桃佛手柑，

pʰu⁵⁵tʰɔ⁵⁵　na⁵⁵　tɕa⁴⁴　tsʅ³⁵　ɕo⁵⁵tɕʰo⁴²xuo³⁵　na⁵⁵　xua⁴⁴kuo³¹　pʰɯ⁵⁵pi³⁵ɕa⁴⁴,
葡萄　　（语助）结　成　绣球花　　　（语助）花果　　喷鼻香

　　葡萄结成绣球花，花果喷鼻香，

tsɔ⁴²　tsʰɯ⁴²to⁴²　ȵi⁴²　tsʰɯ⁴²ɕo⁵⁵,
（语助）陈图　　和　陈秀

　　陈图和陈秀，

na⁴²　piɔ³¹　ŋɔ³¹　ɕɯ⁴⁴tsʰa⁴⁴,
难　表　我　心肠

　　难表我心意，

tɕʰɛ⁵⁵tsɔ²¹　pɛ⁴²tsʅ³³　tsɯ³³　pe³¹　a⁵⁵ta⁴⁴,
清茶　　白酒　　是　摆　这里

　　清茶白酒摆这里，

a³¹ti³³　na⁵⁵　tue³⁵　xɯ⁴⁴　ɣɯ³³　pɔ³¹　tsɣ³⁵　na⁵⁵　tse⁴⁴　ka⁴⁴　ŋa⁵⁵　tɕɛ²¹　tɕa⁴⁴,
阿爹（语助）立　起　喝　它　杯　（语助）再　把　我们　情　接

　　阿爹起来喝一杯，再接受我们的心意，

296

tsɔ⁴² sua⁴⁴ a³¹ti³³ tsɿ⁵⁵ɲi²¹,
（语助）说 阿爹 做人

    阿爹做人，

sɿ⁵⁵ zo³¹ miɯ⁴² tsɿ⁴⁴ tɕa⁴⁴,
是 有 名 之 家

    是有名之家，

a³¹ti³³ fv̩⁴⁴ xɯ³¹ na⁵⁵ tɔ³¹ kʰv̩⁵⁵ kʰua⁴⁴,
阿爹 肚 里（语助）大 空 宽

    阿爹心怀宽广，

tse⁵⁵ tsɔ⁴² na⁵⁵ a³¹ti³³ tsɯ³⁵ se³²kɛ³⁵ na⁵⁵ tse⁵⁵ mi³³ a³¹ti³³ tua⁴⁴,
还 说（语助）阿爹 在 世间（语助）还 想 阿爹（宾助）

    以为阿爹还在世间，还想念阿爹，

sua⁴⁴ a³¹ti³³ ɣɯ⁴²sɿ³⁵,
说 阿爹 读书

    阿爹读书呀，

tu³⁵ sɿ⁵⁵sv̩⁴⁴ vɯ⁴²tsa⁴⁴,
读 四书 文章

    读四书文章，

a³¹ti³³ fv̩⁴⁴ xɯ³¹ tsɯ³³ tsʰo⁴⁴miɯ⁴² ɕa⁴⁴,
阿爹 肚 里 是 聪明 极

    阿爹脑子极聪明，

tse⁵⁵ tsɔ⁴² a³¹ti³³ tɯ³³ tsʰv̩⁴⁴tɯ²¹ na⁵⁵ tsʏ³¹ tsua⁵⁵zue⁴² tʰa⁵⁵xua⁴⁴,
还 说 阿爹 等 出头（语助）中 状元 探花

    想着阿爹出头时中状元探花，

sua⁴⁴ a³¹ti³³ kue³⁵se³⁵,
说 阿爹 归西

    阿爹归西呀，

sɿ³¹ tɛ³⁵ xɔ³¹ tɕʰi⁴⁴tsʰa⁴⁴,
死 得 好 凄惨

    死得好凄惨，

pu³⁵ ke⁴⁴ sɿ³¹ tse⁵⁵ kɔ²¹xɯ³¹ xua⁴⁴,
不　该　死　在　海里　（语助）
　　不该死在海里，

pu³⁵ ke⁴⁴ ny³² ɕa⁴⁴ xɯ⁵⁵ kɔ²¹xɯ³¹ na⁵⁵　ka⁴⁴ a³¹ti³³ ty³¹tʰua⁴⁴,
不　该　淹　死　在　海里　（语助）　把　阿爹　度托
　　不该淹死在海里呀，把阿爹超度，

tsɔ⁴² ka⁴⁴luo⁴² ɛ⁵⁵sɿ⁴⁴sɿ⁵⁵　pʰo⁴²tsu³³ pʰia⁴⁴ pia⁴⁴pɛ⁴⁴ sua⁴⁴,
（语助）甘罗　二十四　彭祖　到　八百　岁
　　甘罗二十四，彭祖活到八百岁，

ʑe⁴²xue⁴² pu³¹ ma³³ tsɯ³³ sa⁴⁴sɿ³⁵sa⁴⁴,
颜回　不　满　有　三十三
　　颜回不满三十三，

sɿ⁵⁵tɕe⁴⁴ tsɯ³³ tsɔ⁴² tsɯ³³ ku³⁵miɛ³⁵ na⁵⁵　a⁵⁵ ku³³zɯ³⁵ ȵi²¹ suo³¹ sua⁴⁴,
世间　有　说　有　功名　（语助）　按　古人　个　所　说
　　世间若说有功名，如古人所说，

tsɔ⁴² pi³³ a³¹ti³³ tsʰo⁵⁵miɯ³⁵,
（语助）比　阿爹　聪明
　　阿爹的聪明，

vy⁴² zu⁴² na⁵⁵ pi³¹ te³⁵ tʰa⁴⁴,
无　人　（语助）比　得　他
　　无人能比上他，

a³¹ti³³ ɣɯ⁴²sɿ³⁵ na⁵⁵ tsʰo⁵⁵miɯ³⁵ ɕa⁴⁴,
阿爹　读书　（语助）聪明　极
　　阿爹读书极聪明，

xa⁴²ɕɯ⁵⁵ pi³⁵ sɿ³³ tsʰu³¹pa⁵⁵wa⁴² na⁵⁵　pi³⁵ ɕa⁴⁴ xɯ⁵⁵ wu⁴⁴tɕa⁴⁴,
韩信　逼　死　楚霸王　（语助）　逼　死　在　乌江
　　韩信逼死楚霸王，逼死在乌江，

tsɔ⁴² xa⁴²ɕɯ⁵⁵ fu⁴⁴ kua⁴⁴we⁵⁵,
（语助）韩信　封　官位
　　韩信封官位，

fɯ⁴⁴ xɯ⁵⁵ sa⁴⁴ tɕʰi³⁵ sa⁴⁴①,
封　在　三　齐　三

　　封在三齐三，

pɛ³⁵tsa⁵⁵pɛ³⁵sɯ⁵⁵ na⁵⁵ pɔ³¹ lio⁴²pa⁴⁴,
百战百胜　（语助）保　刘邦

　　百战百胜保刘邦，

tsʰɯ⁴² ɕɔ⁴⁴xa⁴² le⁴² na⁵⁵ pe⁵⁵ ɕɔ⁴⁴xa⁴²,
成　萧何　来（语助）败　萧何

　　成也萧何败也萧何，

ka⁴⁴ xa⁴²ɕɯ⁵⁵ xe⁴⁴ ɕa⁴⁴,
把　韩信　害　死

　　把韩信害死，

tsɔ⁴² a³¹ti³³ ȵi⁵⁵ ɕi³³ xɯ⁵⁵,
（语助）阿爹　您　死（体助）

　　阿爹去世后，

tɕo⁴⁴ ŋa⁵⁵ na⁵⁵ xɛ⁵⁵ kʰo⁴⁴ ɕa⁴⁴,
让　我们（语助）牛　哭　死

　　我们也哭伤，

ȵi⁵⁵ ka⁴⁴ ŋɯ⁵⁵ mɔ³³ li⁵⁵ o³¹ ɕa⁴⁴,
您　把　我 领格 妈　也　气　死

　　您把母亲也气死，

tɕo⁴⁴ ŋa⁵⁵ ko³³ tʰe⁴⁴ tsʅ⁵⁵ tu³⁵ ȵi²¹ na⁵⁵ ŋa⁵⁵ mɯ⁵⁵ xɔ³¹ pe⁴⁴sa⁴⁴,
让　我们　两　姐弟　做　独　个（语助）我们　这里　好　悲伤

　　让我们两姐弟成孤儿，我们好悲伤，

e̱²¹ tsɻ³² ȵi⁵⁵ lɯ²¹xuo³⁵tɯ³⁵,
（语助）放　您　荷花灯

　　放盏荷花灯，

---

① 此处为曲本传抄所致讹误，应为 [sa³³tɕʰi⁴²wa⁴²]"三齐王"。

ka⁴⁴ a³¹ti³³ tɤ³¹tʰua⁴⁴,
把 阿爹 度托
  把阿爹超度，

tɕɤ³³ tsʰɛ⁵⁵ tɕɤ³³ tsɤ³³ ɲi⁵⁵ ʐɯ⁴⁴ ʑa⁴⁴,
罪 轻 罪 重 您 应 回
  罪轻罪重您都要回来，

sɛ³¹ ɲi⁵⁵ sŋ³⁵tse⁵⁵ pe⁴⁴ ta³²ʐɯ³⁵ na⁵⁵ n̥a⁵⁵ ʑi³⁵ tɕʰi⁴² xue⁴²tɕa⁴⁴,
使 您 实在 走 回来 (语助) 咱们 一 起 回家
  请您走回来，咱们一起回家，

tsɔ⁴² pɛ³² ɲi⁵⁵ na⁵⁵ pɯ³¹ zɤ³¹ ʐo²¹ ɲi⁵⁵ te⁴²,
(语助) 拜 您 (语助) 不 用 羊 和 猪
  拜您不用羊和猪，

tse³² ɲi⁵⁵ pɯ³¹ zɤ³¹ ke³⁵ o²¹ a⁴⁴,
祭 您 不 用 鸡 鹅 鸭
  祭您不用鸡鹅鸭，

tse³² ɲi⁵⁵ tsɛ²¹ zɤ³¹ ɕo³⁵ sa⁵⁵ ka³⁵ tsɔ⁴² lɛ⁴⁴ kɤ⁵⁵ɕɤ³³xɛ⁵⁵zŋ³¹ xa⁴⁴,
祭 您 只 用 香 三 根 (语助)(语助) 冷水饭 口
  祭您只用三根香个一碗冷水饭，

tsɔ⁴² tɕʰɛ⁵⁵ ɕo³⁵ na⁵⁵ sa⁵⁵ ka³⁵ tsɛ²¹ ɕo³⁵fɤ⁵⁵fɤ⁵⁵ xɯ⁴⁴,
(语助) 青 香 (语助) 三 根 (语助) 香喷喷 (助)
  青香三炷香喷喷，

xɔ³¹ sa⁴⁴ɕɯ⁴⁴ pɛ⁴²tsŋ³³ sa⁵⁵ tsɤ³⁵ pɛ⁴²lia⁴⁴lia⁴⁴,
好 伤心 白酒 三 盅 白亮亮
  好伤心，白酒三盅白亮亮，

a³¹ti³³ na⁵⁵ ʐɯ⁴⁴xue⁴² sa³³ tsɤ³⁵ tɕo³¹,
阿爹 (语助) 阴魂 三 盅 酒
  阿爹阴魂三盅酒，

tsuo⁵⁵ wu⁴⁴xu⁴⁴ sa⁵⁵ɕa⁴⁴!
作 呜呼 尚飨
  作呜呼尚飨！

（三）白族吹吹腔

庆贺曲

ʐy⁴²no⁵⁵fo⁴⁴ ɕa⁵⁵,
云弄峰　　下
　　在云弄峰下，

ʑa⁴²sɿ⁵⁵ mɯ⁴² tso⁴⁴ xua⁴² tsʰɔ⁵⁵ ta⁵⁵tɕi³⁵,
杨氏　门　中　华　造　大吉
　　杨氏于大吉之日建造家园，

pʰɔ⁵⁵tsɣ³⁵ sɯ³³ sɯ³³ tsɿ⁵⁵ tsʰɣ⁴² tɕo⁵⁵ʑue⁵⁵,
爆竹　声　声（语助）除　旧岁
　　爆竹声声除旧岁，

ʑɯ⁴²le⁴² na⁴² fɣ⁵⁵kue⁵⁵ tsɿ⁵⁵ tɕe⁵⁵ tɕa⁴⁴ʑue⁴²,
迎来　你们　富贵（语助）建　家园
　　迎来富贵建家园，

lɔ⁴² to⁵⁵ tsɿ⁵⁵fɣ⁵⁵ tsɿ⁵⁵ tɕa⁴⁴nɛ³⁵ wa⁵⁵,
劳动　致富（语助）家业　旺
　　劳动致富家业旺，

tsʰe⁴²ʑue⁴² na⁵⁵ mɔ⁵⁵sɯ⁵⁵ tsɿ⁵⁵ ta³⁵ sa³³ tɕa⁴⁴,
财源（语助）茂盛（语助）达　三　江
　　财源茂盛达三江，

wu³¹ fɣ³⁵ pe³⁵ fɣ³⁵ tsɿ⁵⁵ tɕʰue⁴² tɕa⁴⁴ fɣ³⁵,
五　福　百　福（语助）全　家　福
　　五福百福全家福，

tɕʰe³³ tsʰue⁴⁴ na⁵⁵ va⁵⁵ tsʰue⁴⁴ tsɿ⁵⁵ ma³¹ tʰa⁴² tsʰue⁴⁴,
千　春（语助）万　春（语助）满　堂　春
　　千春万春满堂春，

xuo⁴² sue⁵⁵ ma³¹ mɯ⁴² tʰi⁴⁴ pɛ³⁵ fɣ³⁵,
和　顺　满　门　添　百　福
　　和顺满门添百福，

pʰɯ⁴²a⁴⁴　na⁵⁵　ɛ⁵⁵　tsʅ⁵⁵　tsʅ⁵⁵　tsʅ³⁵　tɕʰe³³　tɕɯ⁴⁴,
平安　(语助)　二　字　(语助)　值　千　金

　　平安二字值千金,

ʐɯ⁴²　tsʰe⁴²　tɕe³⁵　fɣ⁵⁵　tɕa⁴⁴　tsʰa⁴²　fɣ⁵⁵,
迎　财　接　富　家　常　富

　　迎财接富家常富,

tsɔ⁴⁴tsʰe⁴²　na⁵⁵　tɕɯ⁵⁵　pɔ³¹　tsʅ⁵⁵　ʐo³¹　fa⁴²ʐo⁴²　na⁴⁴,
招财　(语助)　进　宝　(语助)　永　繁荣　(语助)

　　招财进宝永繁荣,

tsʅ³¹tɕʰi⁵⁵to⁴⁴le⁴²　tsʅ⁵⁵　tʰɯ⁴²　ʐue⁴²　tɕʰi³¹,
紫气东来　(语助)　腾　云　起

　　紫气东来腾云起,

tsʰe⁴²　sʅ⁵⁵　na⁵⁵　tsʰue⁴⁴tsʰɔ⁴²　tsʅ⁵⁵　te⁵⁵　ʐy³¹　le⁴²　na⁴⁴,
财　似　(语助)　春潮　(语助)　带　雨　来　(语助)

　　财似春潮带雨来,

tɕa⁴⁴ȵɛ³⁵　ɕɯ⁴⁴wa⁵⁵　tsʅ⁵⁵　ʐɯ⁴²xua⁴⁴ɕɔ⁵⁵,
家业　兴旺　(语助)　人欢笑

　　家业兴旺人欢笑,

xuo⁴²mu³⁵　na⁵⁵　tɕa⁴⁴tɕʰɯ⁴²　tsʅ⁵⁵　ʐi³⁵　tʰiɔ⁴²　ɕɯ⁴⁴　na⁴⁴,
和睦　(语助)　家庭　(语助)　一　条　心　(语助)

　　和睦家庭一条心,

wu³¹tsʰe³¹piɯ⁴⁴fu⁴⁴　xɔ³¹　ʐɛ³⁵nɔ⁵⁵,
五彩缤纷　好　热闹

　　五彩缤纷好热闹,

tɕɯ³¹sa⁵⁵　na⁵⁵　tʰi⁴⁴xua⁴⁴　tsʅ⁵⁵　ʐʅ³⁵　ʐi³⁵　ɕɯ⁴⁴,
锦上　(语助)　添花　(语助)　日　益　新

　　锦上添花日益新,

tɕhi³¹ fa⁴² ke⁵⁵ wu³⁵ tɕhɯ⁵⁵ fu⁴⁴ tu⁴⁴,
起 房 盖 屋 庆 丰 登

起房盖屋庆丰登,

fa⁴²tsʅ³³ na⁵⁵ ke⁵⁵ tɛ³⁵ tsʅ⁵⁵ lia⁵⁵tha⁴²tha⁴²,
房子 (语助) 盖 得 (语助) 亮堂堂

房子盖得亮堂堂,

pɛ³⁵tshɣ³⁵ miɯ⁴²tɕy⁴⁴ tɕe⁵⁵ ɕɯ⁴⁴fa⁴²,
白族 民居 建 新房

白族居民建新房,

ɕɔ³¹kha⁴⁴ na⁵⁵ sɯ⁴⁴xuo³⁵ sʅ⁵⁵ ȵi³¹ tɕa⁴⁴,
小康 (语助) 生活 是 你 家

小康生活是你家,

ɕɔ³¹kha⁴⁴ tsʊ³¹ tshɣ³⁵ ɕɯ⁵⁵fɣ³⁵ lu⁵⁵,
小康 走 出 幸福 路

小康走出幸福路,

khe⁴⁴thuo³⁵ na⁵⁵ no⁴² tshue⁴⁴ tsʅ⁵⁵ ɕɯ⁴⁴ no⁴²tsua⁴⁴ na⁴⁴,
开拓 (语助) 农村 (语助) 新 农庄 (语助)

开拓农村新农庄,

tsɯ⁵⁵tshɛ³⁵ ta³³khe⁴⁴ tsʅ⁵⁵fɣ⁵⁵ lu⁵⁵,
政策 打开 致富 路

政策打开致富路,

ɕɔ³¹kha⁴⁴ na⁵⁵ sɯ³³xuo³⁵ tsʅ⁵⁵ fɣ⁵⁵ va⁵⁵ tɕa⁴⁴,
小康 (语助) 生活 (语助) 富 万 家

小康生活富万家,

ke⁵⁵ȵi⁴⁴ ŋɔ³¹ ka⁴⁴ na⁵⁵ tɕhɯ⁵⁵xɔ⁵⁵,
今日 我 把 你们 庆贺

今日我把你们庆贺,

za⁴²sɿ⁵⁵ mɯ⁴² tso⁴⁴ na⁵⁵　　sɿ⁵⁵ tɕʰɯ⁴⁴tɕi³⁵piɯ⁴²a⁴⁴,
杨氏　门　中　(语助)　是　清吉平安

　　　　杨氏门中是清吉平安,

tɕʰɯ⁵⁵xɔ⁵⁵ lɔ³¹zu⁴² kɔ⁴⁴ fɤ³⁵ so⁵⁵,
庆贺　　老人　高　福　寿

　　　　庆贺老人高福寿,

pɛ³⁵ fɤ³⁵ na⁵⁵ pɛ³⁵ so⁵⁵ tsɿ⁵⁵ pɛ³⁵ a⁴⁴kʰa⁴⁴,
百　福　(语助)百　寿　(语助)百　安康

　　　　百福百寿百安康,

tɕʰɯ⁵⁵xɔ⁵⁵ na⁵⁵　tso⁴⁴ɲe⁴² fɤ⁴⁴fɤ⁵⁵,
庆贺　　你们　中年　夫妇

　　　　庆贺你们中年夫妇,

ŋɯ⁴⁴ŋe⁵⁵ na⁵⁵　fɤ⁴⁴tɕʰi⁴⁴ tsɿ⁵⁵　kɤ³² pɛ⁴⁴sua⁴⁴,
恩爱　　(语助)夫妻　　(语助)住　百年

　　　　恩爱夫妻一百年,

tɕʰɯ⁵⁵xɔ⁵⁵ na⁵⁵　fɤ³⁵lu³⁵　tɕa⁴⁴ so⁵⁵ɕi³¹,
庆贺　　你们　福禄　　加　寿喜

　　　　庆贺你们福禄加寿喜,

tɕʰɯ⁵⁵xɔ⁵⁵ na⁵⁵　tɕi³⁵ɕa⁴² tsɿ⁵⁵ fɯ⁵⁵ zɤ⁴²zi⁵⁵ na⁴⁴,
庆贺　　你们　吉祥　(语助)奉　如意　(语助)

　　　　庆贺吉祥奉如意,

wu³³ xuo⁴² tɕa⁴⁴tɕʰɯ⁴² sɿ⁵⁵ɲɛ³⁵ wa⁵⁵,
五　和　家庭　　事业　旺

　　　　五和家庭事业旺,

lu³⁵ sɤ³⁵ na⁵⁵　ɕɯ⁴⁴wa⁵⁵ tsɿ⁵⁵　zɤ⁴² tʰe⁵⁵sa⁴⁴,
六　畜(语助)兴旺　　(语助)如　泰山

　　　　六畜兴旺如泰山,

tɕʰɯ⁵⁵xɔ⁵⁵ na⁵⁵ sʅ⁵⁵tɕi⁵⁵ fa³⁵ ta⁵⁵ tsʰe⁴²,
庆贺　你们　四季　发　大　财

庆贺你们四季发大财，

za⁴²sʅ⁵⁵ mɯ⁵⁵ tso⁴⁴ na⁵⁵ tsɔ³⁵ tsʰe⁵⁵ tsʅ⁵⁵ na⁵⁵ zɣ³¹ pɔ³¹ɕe³¹ɕa⁴⁴,
杨氏　门　中　(语助)　装　钱　(语助)　你们　用　保险箱

杨氏门中装钱要用保险箱，

pʰe⁵⁵tsʅ³⁵ tsʅ⁴⁴uɣ³³ tsʅ⁵⁵ tsʰɣ³¹ tsʅ²¹xɔ³¹,
嫁娶　子女　(语助)　盖　楼房

子女婚嫁盖新房，

fɣ⁵⁵kue⁵⁵ na⁵⁵ kɯ⁴⁴tɕi⁴⁴ tsʅ⁵⁵ fa³⁵ta³⁵ tɕa⁴⁴,
富贵　(语助)　根基　(语助)　发达　家

富贵根基家发达，

za³¹ɛ¹²zu³⁵mlʅ³¹ xɔ³¹ ɯ⁴²tsʰe⁴²,
养儿育女　好　人才

养儿育女好人才，

tu³⁵sɣ⁴⁴ na⁵⁵ sa⁵⁵ tɕɯ⁴⁴ tsʅ⁵⁵ pa³¹ miɯ⁴² za⁴²,
读书　(语助)　上　京　(语助)　把　名　扬

读书上京把名扬，

tu³⁵sɣ⁴⁴ le⁴²tɔ⁵⁵ pɛ³⁵tɕɯ⁴⁴tsʰɯ⁴²,
读书　来到　北京城

读书来到北京城，

tɕʰɯ⁴⁴ta⁵⁵ na⁵⁵ pɛ³⁵ta⁵⁵ li⁵⁵ kʰɔ³¹ pʰia⁴⁴,
清　大　(语助)　北　大　都　考　到

清华北大都考上，

tɕʰɯ⁵⁵xɔ⁵⁵ na⁵⁵ ɕɯ⁴⁴xue⁴⁴ fɣ⁴⁴fɣ⁵⁵,
庆贺　你们　新婚　夫妇

庆贺你们新婚夫妇，

fɤ⁴⁴tɕʰi⁴⁴　na⁵⁵　　ŋɯ⁴⁴ŋe⁵⁵　tsʅ⁵⁵　tɕa⁴⁴ɲɛ³⁵　wa⁵⁵,
夫妻　(语助)　恩爱　(语助)　家业　旺
　　夫妻恩爱家业旺,

ɕɔ⁵⁵sue⁵⁵　fɤ⁵⁵mu³¹　tɛ³⁵　ɕɔ⁵⁵tsʅ³¹,
孝顺　　父母　　得　孝子
　　孝顺父母得孝子,

tʰiɛ⁴⁴　tɕʰɯ⁵⁵　　na⁵⁵　lia⁴²ʑue⁴²　tsʅ⁵⁵　tɔ⁵⁵　pɛ³⁵tʰo⁴²,
天　　庆(赐)　你们　良缘　　(语助)　到　白头
　　天赐良缘到白头,

miɯ⁴²ɲe⁴²　sɯ³³　tɛ³⁵　zi³⁵　kue⁵⁵tsʅ³¹,
明年　　　生　　得　一　贵子
　　明年生得一贵子,

ʑa⁴²sʅ⁵⁵　mɯ⁴²　tso⁴⁴　na⁵⁵　sɯ³³　tɛ³⁵　sʅ⁵⁵　pʰa⁵⁵wa⁴²wa⁴²,
杨氏　　门　　中　(语助)　生　得　是　胖娃娃
　　杨氏门中生得胖娃娃,

tɕʰɯ⁵⁵xɔ⁵⁵　na⁵⁵　　tsʅ⁵⁵　tsua³⁵tɕa³⁵ɲi²¹,
庆贺　　　你们　做　　庄稼人
　　庆贺种庄稼的人,

lia⁴²sʅ³⁵　na⁵⁵　fɯ⁴⁴so⁴⁴　tsʅ⁵⁵　tue⁴⁴　ma³¹　tsʰa⁴⁴,
粮食　(语助)　丰收　(语助)　堆　满　仓
　　粮食丰收堆满仓,

tɕʰɯ⁵⁵xɔ⁵⁵　na⁵⁵　　tsʅ⁵⁵　sɯ³⁵ʑi⁴⁴ɲi²¹,
庆贺　　　你们　做　　生意人
　　庆贺做生意的人,

tsʰe⁴²ʑue⁴²　na⁵⁵　mɔ⁵⁵　sɯ⁵⁵　tsʅ⁵⁵　ta³⁵　sa³³　tɕa⁴⁴,
财源　　(语助)　茂　盛　(语助)　达　三　江
　　财源茂盛达三江,

tɕʰɯ⁵⁵xɔ⁵⁵ na⁵⁵ ɛ⁴²sue⁴⁴ ma³¹ tʰa⁴²,
庆贺 你们 儿孙 满 堂

　　庆贺你们儿孙满堂，

sɿ⁵⁵ te⁵⁵ na⁵⁵ tʰo⁴²tʰa⁴² tsɿ⁵⁵ fɣ³⁵ so⁵⁵ tɕa⁴⁴,
四 代 (语助) 同堂 (语助) 福 寿 家

　　四代同堂福寿家，

ke³⁵ tɛ⁴² ŋɯ²¹ mɛ³³ tsɿ⁵⁵ we³² sue⁵⁵tsʰa⁵⁵,
鸡 猪 牛 马 (语助) 喂 顺畅

　　鸡猪牛马喂顺畅，

za⁴²sɿ⁵⁵ mɯ⁴² tso⁴⁴ na⁵⁵ sɿ⁵⁵ fa³⁵ta³⁵ tsɿ⁴⁴ tɕa⁴⁴,
杨氏 门 中 (语助) 是 发达 之 家

　　杨氏门中是发达之家，

tɕʰɯ⁵⁵xɔ⁵⁵ na⁵⁵ ȵe⁴² nɛ⁴² vɣ⁴² tse⁴⁴ vɣ⁴² na⁵⁵,
庆贺 你们 年 年 无 灾 无 难

　　庆贺你们年年无灾无难，

tɕa⁴⁴tʰiɯ⁴² na⁵⁵ xuo⁴²mu³⁵ tsɿ⁵⁵ zo³¹ a⁴⁴kʰa⁴⁴,
家庭 (语助) 和睦 (语助) 永 安康

　　家庭和睦永安康，

tɕy⁵⁵xo⁵⁵ tɕʰɯ⁵⁵xɔ⁵⁵ na⁵⁵ sɿ⁵⁵ tɕi⁵⁵ fa³⁵ ta⁵⁵ tsʰe⁴²,
最后 庆贺 你们 四 季 发 大 财

　　最后庆贺你们四季发大财，

za⁴²sɿ⁵⁵ mɯ⁴² tso⁴⁴ na⁵⁵ va⁵⁵ sɿ⁵⁵ tɕi³⁵li⁵⁵ tsɿ⁵⁵ pɔ³¹ pʰiɯ⁴²a⁴⁴.
杨氏 门 中 (语助) 万 事 吉利 (语助) 保 平安

　　杨氏门中万事吉利保平安。

六 故事

1. 九十九条龙

ŋɔ³¹ tɕa³¹ tuɯ⁵⁵ ʑi³⁵ kɔ⁵⁵, pe⁴⁴ tsɯ³⁵ sua⁴⁴ ȵa³³ ȵi²¹ ȵi⁵⁵ sɯ⁴⁴ tsɯ³³, tɕɯ³³tsɿ⁴²tɕɯ³³ tuɯ²¹
我 讲 这 一 个 走 来 说 这样个（语助）就 有 九十九 条

nɔ⁴⁴ nɣ²¹.
的 龙

我讲这个就是九十九条龙的故事。

tsɯ³⁵ xɯ³¹ tsɔ³¹ ʑi³¹tɕʰe⁴², ʑi⁵⁵sɿ⁴⁴ tsɔ⁴² fe⁴⁴ tsɯ³³ nɔ⁴⁴ tsɿ²¹tɕa⁴⁴, tsɯ³³ ʑi³⁵ kɔ⁵⁵ tɔ⁴⁴zu²¹,
在 很 早 以前 意思说 很 早 的 时候 有 一 个 道人

tuɯ⁵⁵ ʑi³⁵ kɔ⁵⁵ tɔ⁴⁴zu³⁵ tuɯ³¹ȵi²¹, ȵa³³ ne²¹ ȵi⁵⁵, pe⁴⁴ tsɔ³⁵ mɯ³⁵, tsɯ³⁵ xɯ³⁵, nɯ⁵⁵ ʑi³⁵ kɔ⁵⁵,
这 一 个 道人 这个 这样个（语助）走 上 来 在 于 这 一 个

sa⁵⁵ ʑi³⁵ pʰiɛ⁵⁵ nɯ⁵⁵kɔ⁵⁵ ti⁵⁵te⁵⁵, ʑi⁵⁵sɿ⁴⁴ sua⁴⁴ xɯ⁵⁵ ȵa⁵⁵ nɔ⁴⁴ ta⁵⁵le³¹ ti⁵⁵te⁵⁵, nɯ⁵⁵ tsɯ³³
上 一 片 这个 地带 意思说 在 于 咱们 的 大理 地带（语助）有

ȵa³³ ȵi⁴⁴ pɔ³¹ kua⁴⁴ tuɯ⁴⁴ nɣ²¹, sɯ⁴⁴ tsɯ³³ ka³⁵ vɣ⁴⁴zɔ²¹ tɕɯ³³tsɿ⁴²tɕɯ³³ tuɯ²¹. pɯ⁵⁵ tɕy³³mɯ⁵⁵
这样天 他 挂 得 龙 就 有 干 黄鳝 九十九 条 他领格 嘴（助）

kɣ³⁵ tsɔ⁴² xɛ³¹le²¹ ȵi⁵⁵, sa³³sɿ⁴⁴ ȵa³¹, sɯ⁴⁴ sa⁵⁵tsɿ⁴² nɔ⁴⁴ ȵi²¹, sɯ⁴⁴ tsɯ³³ kɯ²¹ ʑi³⁵ tɕʰɔ⁴² ka³⁵
喊 说 什么（语助）三十 两 就 三十两 银 就 是 卖 一 条 干

vɣ⁴⁴zɔ²¹, ta⁵⁵ sɯ⁵⁵ ȵi²¹ tsɿ⁴⁴ tɕʰɛ⁵⁵ tuɯ⁴⁴ xɯ⁵⁵ ʑi³¹xo⁵⁵ sua⁴⁴, tuɯ³¹ le²¹ tsɿ⁵⁵ tʰe⁵⁵ kɛ³² tɔ³¹ lɔ⁴², zɔ³⁵,
黄鳝 但 所有人（语助）听 得 后 以后 说 这样（语助）太 价 大 了（语助）

tɕʰɔ³⁵³⁵ ȵi⁵⁵ mɛ³² xɯ⁴⁴ tuo³³, nɯ³³ tsɯ³³ ȵa³³ le²¹ ȵi⁵⁵, tuɯ⁵⁵ ʑi³⁵ kɔ⁵⁵ pe⁴⁴ tsɯ³⁵ sua⁴⁴ ȵi⁵⁵,
确实 也 买 起 不能（语助）是 这样个（语助）这 一 个 走 来 说（语助）

tsue⁵⁵	xo⁵⁵	kɤ³⁵tʰɯ⁵⁵kɤ³⁵	tso³³	kɤ³⁵	xɯ⁵⁵	n̠i⁴⁴	nɔ⁴⁴	n̠i⁴⁴,	xɯ⁵⁵	tsɯ³³	n̠a³³	n̠i²¹,	na³³	me³²
最后		喊下喊上		喊	(体助)	天	(助)	天	然后	有	这样	个	(语助)	买

tsɿ²¹	ŋɛ²¹	xɯ⁵⁵	a³¹	tɯ²¹,	nɯ⁵⁵	me³²	tsɿ²¹	ŋɛ²¹	xɯ⁵⁵	a³¹	tɯ²¹,	nɯ⁵⁵	pɔ³¹	sua⁴⁴	kɔ⁴⁴
去	去	(体助)	一	条	(语助)	买	去	去	(体助)	一	条	(语助)	他	说	给他

tsɔ⁴²	sua⁴⁴	me³²	tsɿ²¹	ŋɛ²¹	tɯ³¹	tɯ²¹	tsɿ⁵⁵mɯ⁵⁵	tɔ²¹	n̠i⁵⁵,	nɔ³¹	tsɯ³⁵	nɯ⁵⁵	nɔ⁴⁴	ɕa³⁵	nɔ⁴⁴
说	说	买	去	去	这	条	怎么	弄	(语助)	你	在	你领格	的	闲	的

tɕe⁵⁵tɕe³¹	tɯ³¹	tɕɛ⁵⁵	xɯ³¹	na⁵⁵	wa⁴²	pɔ³¹	sa⁵⁵	tsɤ²¹,	zɔ³⁵,	te³¹	zi⁴⁴	tsɤ²¹,	te³¹	zɿ³¹	tsɤ²¹,
地点	这	点	里	(语助)	挖	它	三	锄	(语助)	第	一	锄	第	二	锄

te³¹	sa⁵⁵	tsɤ²¹,	pɔ³¹	nɯ⁴⁴	tsʰɤ⁴⁴	ɕy³³,	tsue⁵⁵xo⁵⁵	wa⁴²	tʰɯ⁵⁵	ŋɛ²¹	te³¹	zi⁴⁴	tsɤ²¹,	tsʰɤ⁴⁴	ɕy³³,
第	三	锄	它	要	出	水	最后	挖	下	去	第	一	锄	出	水

te³¹	zɿ³¹	tsɤ²¹,	te³¹	sa⁵⁵	tsɤ²¹	tsʰɤ⁴⁴	zɯ³⁵	ɕy³³	tɕe⁵⁵,	xɯ⁵⁵	pɔ³¹	ka⁴⁴	xɯ⁵⁵	ka³⁵	vɤ⁴⁴zo²¹
第	二	锄	第	三	锄	出	来	水	些	然后	他	把	(语助)	干	黄鳝

tɯ²¹	tsɿ³²	n̠i⁴⁴	pɯ⁵⁵	xɯ³¹,	tsɛ²¹	tsɿ⁵⁵	zi³⁵	kɔ⁵⁵	lo⁴²tʰa⁴⁴.
条	放	进	它领格	里面	成	作	一	个	龙潭

在很早以前，有一个道人，这个道人呢，上来到上面这片地方，就是咱们大理一带。有一天他手上挂着九十九条干黄鳝，他嘴里喊什么呢？喊"三十两"，就是三十两银子，卖一条干黄鳝。所有人听见后都说，这也太贵了，真的买不起。喊了很多天后，有一天，有个人买去了一条，然后他（道人）跟那人说买去这一条要怎么弄。让他在空地上挖三锄。第一锄，第二锄，第三锄，洞里出了一些水，然后，他把那条干黄鳝放进（挖的坑）里，（那坑）变成了一个龙潭。

tɯ³¹le²¹	tsɯ³³	a³¹	n̠i²¹,	te³¹	zɿ³¹	n̠i²¹,	n̠i⁵⁵	sua⁴⁴	me⁴²	pɯ⁵⁵	mɯ⁵⁵	a³¹	tɯ²¹,	me³²	pɯ⁵⁵
这个	有	一	个	第	二	个	也	说	买	他领格	那里	一	条	买	他领格

mɯ⁵⁵	a³¹	tɯ²¹	nɯ⁵⁵	pɔ³¹	sua⁴⁴	kɯ³²	pɔ³¹	sua⁴⁴,	tɯ³¹	le²¹	tsɿ⁵⁵mɯ⁵⁵	tɔ²¹,	xɯ⁵⁵	pɔ³¹	sua⁴⁴	wa⁴²	pɔ³¹
那里	一	条	(语助)	他	说	给他	说		这个		怎么	弄	然后	他	说	挖	它

nɔ⁴⁴	sa⁵⁵	tsɤ²¹,	zɔ³⁵,	nɔ³¹	nɯ⁴⁴	pɯ³¹	wa⁴²	tɕi³⁵	xɯ⁵⁵,	wa⁴²	tɕʰi³³	zi³³xo⁵⁵,	pɔ³¹	nɯ⁴⁴	tsʰɤ⁴⁴	ɕy³³,
的	三	锄	(语助)	你	要	不	挖	多	(体助)	挖	出来	以后	它	要	出	水

xɯ⁵⁵	nɔ³¹	ka⁴⁴	xɯ⁵⁵	ka³⁵	vɤ⁴⁴ʐo²¹	tu³¹	tu²¹	tsʅ³²	ɲi⁴⁴	pɯ⁵⁵	xɯ³¹	tɕue⁵⁵xo⁵⁵	tu³¹ɲi²¹
然后	你	把	(助)	干	黄鳝	这	条	放进	它领格	里	最后	这个	

pɔ³¹	ɲi⁵⁵	su⁴⁴	ʐo³¹	ɕu³³	nɔ⁴⁴,	pe⁴⁴	ta³²	ŋɛ²¹	xɯ⁵⁵,	su⁴⁴	tsu³³	wa⁴²	tʰɯ⁵⁵ŋɛ²¹	te³¹	ʐi⁴⁴	tsʅ²¹,	nu⁵⁵
他	也	是	有	心	的	走	回家	去	以后	就	有	挖	下去	第	一	锄	(语助)

tɕʰʅ³⁵	sʅ³⁵	ɲi⁵⁵	tsʰɤ⁴⁴ʐu³⁵	ɕy³³	a³¹	tɕɛ⁵⁵,	te³¹	zʅ³¹	tsʅ²¹,	tuo³⁵	tsʰɤ⁴⁴	tu⁴⁴	tɕɛ⁵⁵,	te³¹	sa⁵⁵	tsʅ²¹
确实	也	出来	水	一些		第二	锄		多	出	得	些	第三	锄		

tuo³⁵	tsʰɤ⁴⁴ʐu³⁵	tɕɛ⁵⁵,	xɯ⁵⁵	pɔ³¹	zu⁵⁵we²¹	sua⁴⁴,	tu³¹le²¹	tsʅ⁵⁵	tɔ³¹tɔ³¹sa⁴⁴sa⁴⁴	wa⁴²	ɔ⁴⁴	wa⁵⁵	tsʅ²¹,
多	出来	些	然后	他	认为	说	这个	(语助)	大大地	挖	它	几	锄

tsʅ⁵⁵	kʰɔ³¹nu⁴²	no⁴⁴	tsʰɤ⁴⁴ʐu³⁵	ɕy³³	le²¹	me³⁵	tu⁴⁴	tɕɛ⁵⁵,	ta⁵⁵tsʅ⁵⁵	a⁵⁵le²¹	ɲi⁵⁵,	te³¹	ɕi⁴⁴	tsʅ²¹,
(语助)	可能	要	出来	水	个	多	得	些	但是	什么	(语助)	第	四	锄

te³¹	ŋɤ³³	tsʅ²¹	a³¹	wa⁴²,	ka⁴⁴	wa⁴²	luo³⁵	xɔ⁵⁵,	tsue⁵⁵xo⁵⁵,	ka³⁵	vɤ⁴⁴ʐo²¹	tu²¹	tsʅ³²	ɲi⁴⁴	pɯ⁵⁵	ŋɛ²¹
第五	锄	一	挖		把	挖	落	了	最后	干	黄鳝	条	放	进	它领格	去

xɯ⁵⁵,	na³⁵	tsʰɤ⁴⁴ʐu³⁵	se³¹	nɔ⁴⁴	ɕy³³	na³³	tʰa⁴²tsʅ⁴⁴,	kɯ⁵⁵	tuo⁴⁴	nɔ⁴⁴	ɕy³³	tsʰɤ⁴⁴ʐu³⁵	mu³³,
以后	(语助)	出来	小	的	水	这样	潭子	更	多	的	水	出来	没有

tsue⁵⁵xo⁵⁵,	ɲa³³	le²¹	ɲi⁵⁵,	pɯ⁵⁵	ɣu³³,	tsɯ³³	xɛ³³le²¹	ɲi⁵⁵,	kɯ²¹	xɯ⁵⁵	nu⁵⁵	ko³³	tu²¹	tsʰɤ⁴²xɯ⁵⁵
最后	这样	个	呢	它领格	后面	有	什么	(语助)	卖	(体助)	这	两	条	除去

ɲi⁵⁵,	a³¹	tu²¹	ɲi⁵⁵	kɯ²¹	xɯ⁵⁵	mu³³.
(语助)	一	条	都	卖	(体助)	没有

第二个人，也跟他买了一条黄鳝。道人告诉他要怎么弄，然后还说，挖三锄，不要多挖，挖出来以后，会出水，然后把干黄鳝放进去。之后买黄鳝这个人也是有心，回家以后，就挖下了第一锄，确实出了点水，第二锄，多出了些水，第三锄更多一些。然后他认为，多挖几锄，可能会多出些水，但是第四锄、第五锄一挖，把（坑）挖落了，最后，干黄鳝放进坑里之后，只出来一个小水潭，更多的水没出来。最后，除了卖出这两条，一条都没卖出去。

xɯ⁵⁵,	tɔ⁴⁴ʐu³⁵	tu³¹ɲi²¹,	sua⁴⁴,	ta⁵⁵le³¹	tu³¹	le²¹	ɲi⁵⁵,	ɲi²¹kɛ³⁵	xuo³³	sʅ³⁵	pɔ³¹	mu³³.	ʐo³⁵
然后	道人	这个	说	大理	这	个	(语助)	人	伙	识	宝	不	(语助)

tsue⁵⁵xo⁵⁵	nu⁵⁵	tsu³⁵	tsʰa⁴⁴sa⁴⁴	le²¹	nɔ⁴⁴	su⁴⁴,	tsʰa⁴⁴sa⁴⁴	nɔ⁴⁴	tu³¹	we³³	lio⁴⁴	tso³³ŋɛ²¹	a³¹	tu²¹,	tɔ⁴⁴
最后	(语助)	在	苍山	个	上	就	苍山	上	这	处	丢	上去	一	条	那

we³³	lio⁴⁴	tso³³ŋɛ²¹	a³¹	tɯ²¹	tsue⁵⁵xo⁵⁵	tsɯ³⁵	xɯ⁵⁵,	sɯ⁴⁴	tsɯ³³,	ȵa⁵⁵	nɔ⁴⁴	ta⁵⁵le³¹	nɔ⁴⁴	tɯ³¹
处	丢	上去	一	条	最后	在	于	就	在	咱们	的	大理	的	这

we³³	sɯ⁴⁴	tsɯ³³,	tsɿ⁵⁵	tɯ³¹	we³³	tɕe⁵⁵sɿ⁵⁵tʰe⁴²	ɯ³³lɔ³⁵mi⁴⁴ɕi⁴⁴	tɯ³¹we³³,	tuo⁴⁴su⁵⁵	ka⁴⁴	ka³⁵	vɣ⁴⁴zo²¹
里	就	有	(语助)	这里	电视台	后面		这里	多数	把	干	黄鳝

tɯ³¹	ɕɯ³⁵	piɛ³⁵	xɯ⁵⁵	tɯ³¹we³³,	nɯ⁵⁵	tɯ³¹we³³	nɔ⁴⁴	tɕi⁴⁴pu³¹sa⁵⁵	ȵa³³	le²¹	ȵi⁵⁵,	nɣ²¹	pi³¹tɕɔ⁵⁵
这	种	丢	在	这里	(语助)	这里	的	基本上	这样个	(语助)	龙	比较

tɕi³⁵	sɯ⁴⁴	lio⁴⁴	tso³³ŋɛ²¹	tsʰɣ³¹	ȵi³³	sɯ⁴⁴	tsɯ³³	ka³⁵	tsʰɣ³¹	nɔ⁴⁴	sɣ⁴⁴	nɔ⁴⁴	tsɯ³³	ɕy³³,	fa³¹tsɯ⁵⁵
多	就	丢	上去	处	也	就	有	高	处	的	山上	有	水	反正

a³¹	lio⁴⁴	tso³³ŋɛ²¹,	tsɯ³³	ka³⁵	vɣ⁴⁴zo²¹	tɯ²¹	sɯ⁴⁴	tsʰɣ⁴⁴zɯ³⁵	ɕy³³,	tɯ³¹le²¹	lɯ⁴⁴	tɕʰɔ³⁵tɕʰɔ³⁵sɿ³⁵sɿ³⁵
	丢	上去	有	干	黄鳝	条	就	出来	水	这个	是	确确实实

ȵi⁵⁵	sɿ³⁵tɕi⁵⁵sa⁵⁵	lu⁴⁴	nɣ²¹	tɯ²¹.	zɔ³⁵,	nɯ³³	ta⁵⁵le³¹	ȵi⁵⁵	pe⁴⁴	tsɯ³⁵	sua⁴⁴	ȵi⁵⁵,	tuo⁴⁴su⁵⁵
也	实际上	是	龙	条	(语助)	(语助)	大理	也	走	来	说	也	多数

zu⁴²	pe⁴⁴	tsɯ³⁵	we³³fe⁴⁴	mu³³,	sua⁴⁴,	ka³⁵	vɣ⁴⁴zo²¹	tɯ²¹	tsɯ³³	nɣ²¹	tɯ²¹	tɯ³¹le²¹,	zu³³	pu³¹	tɯ⁴⁴,
人	走	来	眼光	没有	说	干	黄鳝	条	是	龙	条	这个	认	不	得

suo³¹zi³¹	ȵa³³	le²¹	ȵi⁵⁵,	ta⁵⁵le³¹	nɔ⁴⁴	sue³³zue⁴²,	ȵa³³	le²¹	ȵi⁵⁵	sɯ⁴⁴,	sɿ³⁵pa³⁵	ɕi⁴⁴	sue³¹,	pi³¹tɕɔ⁵⁵
所以	这样个	(语助)	大理	的	水源	这样个	也	就	十八	溪	水	比较

ɕo³³	nɔ⁴⁴	zue⁴²zɯ⁴².	ȵi³⁵	sɯ⁴⁴	tsɯ³³	ta⁵⁵le³¹zɯ⁴²	ȵ̩⁵⁵	ka⁴⁴	xɯ⁵⁵,	tɔ⁴⁴zɯ³⁵	tɯ³¹ȵi⁴⁴	nɔ⁴⁴	kɯ²¹
少	的	原因	也	就	是	大理人	(语助)	把	(语助)	道人	这个	的	卖

tɯ⁴⁴	nɔ⁴⁴,	tɯ⁵⁵	tɕɯ³³sɿ⁴²tɕɯ³³	tɯ²¹	nɔ⁴⁴	ka⁴⁴	xua⁴²se⁵⁵,	sɯ⁴⁴	ka³⁵	vɣ⁴⁴zo²¹,	sɿ³⁵	tʰa³³	xo⁵⁵,
得	的	这	九十九	条	的	干	黄鳝	就是	干	黄鳝	识	丢	了

me³²	wu¹¹	xo⁵⁵,	xɯ⁵⁵	tɯ⁵⁵	zi³⁵	tsɔ³¹	nɔ⁴⁴	suo³⁵fa³⁵,	ʐuo³¹zi³¹,	ta⁵⁵le³¹	zɯ⁴²	nɔ⁴⁴	sue³¹zue⁴²,
头	误	了	然后	这	一	种	的	说法	所以	大理	人	的	水源

pi³¹tɕɔ⁵⁵	ɕo³³	tɯ⁴⁴	tɕe⁴⁴,	kɔ⁴⁴	sa⁴⁴	nɔ⁴⁴	sue³¹zue⁴²	me³⁵	tɯ⁴⁴	tɕe⁴⁴,	sɯ⁴⁴	nɣ²¹	za⁴⁴	zi³⁵so³³
比较	少	得	点	高山	上	水源	多	得	点	就	龙	些	一起

tsʰue⁴²pu⁵⁵	piɛ³⁵	xɯ⁵⁵	kɔ⁴⁴	sa⁴⁴	nɔ⁴⁴,	tsɯ³⁵	tsʰa⁴⁴sa⁴⁴	nɔ⁴⁴.	tɯ³¹le²¹	tɕa³¹	ȵi⁵⁵	sɯ³³	tsɯ³³	zi³⁵	kɔ⁵⁵
全部	丢	在	高山	上	在	苍山	上	这个	讲	您	就	有	一个

su⁴²xua⁵⁵ ku⁵⁵sɿ⁵⁵.
神话　　故事

后来，这个道人说，大理这儿啊，人们不识宝。最后就在苍山上，(在)苍山上这里丢上去一条，那里丢上去一条，最后，就在咱们大理这里，在电视台后面这里，把大多数黄鳝丢在这里，所以这里龙比较多。高处山上只要丢上去(黄鳝)的地方就有水，一丢上去，有干黄鳝就会出水，(因为)这(黄鳝)实际上是龙。大理呢，多数人没有眼光，不知道干黄鳝是龙，所以这就是大理的十八溪水比较少的原因。也就是大理人没认出来这道人卖的这九十九条干黄鳝，没买下。是这样的一种说法，所以，大理的水源比较少，高山上水源多一些，就是(因为)龙全都丢在高山上了，在苍山上。这个(就是)跟您讲的一个神话故事。

2. 杜朝选斩蛇（片段）

tsue⁵⁵xo⁵⁵　tu⁵⁵tʰsɛ⁴²sue³¹　ka⁴⁴　ma³¹sɛ⁴²tu²¹　ɕa⁴⁴　xɯ⁵⁵，　xɯ⁵⁵　sa⁵⁵　ua⁴⁴　sa⁵⁵　tu³¹　ȵi⁴⁴　tɕi⁴⁴pɯ³¹sa⁵⁵
最后　　杜朝选　　把　蟒蛇　只　杀　(体助)　然后　三　月　三　这　天　基本上

su⁴⁴　tsu³³　xɛ³¹le²¹　ȵi⁵⁵　su⁴⁴　tsu³³，　we³²　tʰo⁴²na⁴²tʰo⁴²mi³¹　tu³¹　tɕa⁴⁴　tsu³³　pa⁵⁵　to³⁵mɔ³⁵　xuo³³
就　　是　什么　(语助)　就　　是　　为　　童男童女　　　　这　对　　是　他们　父母　们

zu⁵⁵liɯ³¹　ta³²ŋɛ²¹，　xɯ⁵⁵　lo⁴²，　pa⁵⁵　ɕa⁴⁴ta⁵⁵　ɕi³¹xua³⁵　sua⁴⁴，　tu⁵⁵　zi³⁵　tsɿ³⁵　xɯ⁵⁵　zi³¹xo³³，
认领　　回去　　(助)(语助)　他们　相当　喜欢　　　说　　这　一　次　后　以后

tsu³³　we⁵⁵miu⁴²tsʰu⁴²xe⁵⁵，　xɯ⁵⁵　tsɿ⁵⁵tsɛ²¹　nɔ⁴⁴　pɛ⁴⁴ɕɛ⁴⁴　ȵi²¹　tsɿ⁵⁵mɯ⁵⁵　sua⁴⁴　ȵi⁵⁵，　su⁴⁴　tsu³³，
是　为民除害　　　然后　周城的　　百姓　个　怎么　说　(语助)　就　是

zi³⁵　tsu³³　xɛ³¹le²¹　ȵi⁵⁵，　ka⁴⁴　sɿ⁵⁵　tsɿ⁵⁵　pɯ³¹tsɿ³¹.
一　是　什么　(语助)　把　竖　作　本主

最后杜朝选把蟒蛇杀了。三月三这天，童男童女就被父母认领回去了，他们非常开心。这下，为民除了害，周城的百姓呢，一是把(杜朝选)立为本主。

ti⁵⁵　ɛ⁵⁵，　tsu³³　ta⁵⁵ȵa⁴²na⁴⁴　ɛ⁵⁵　na⁴²na⁴⁴　na⁴⁴　tsu³³，　zi⁵⁵sɿ⁴⁴　ȵi⁵⁵　su⁴⁴　tsu³³　we⁴²，　ta⁴⁴tsɿ⁵⁵　ȵi⁴⁴
第　二　是　大娘娘　　二娘娘　　(语助)　是　意思　也　就　是　为　当作　(助)

nɔ⁴⁴ tsʅ⁵⁵tsɛ²¹ xɔ³¹ pe⁴⁴ tsu³⁵ tsuo³⁵ tsɤ³¹ na³⁵ ka⁴⁴ xɯ⁵⁵ so³³ kuɯ⁴⁴ pɔ³¹ tsʅ⁵⁵ pɯ⁵⁵ vɤ³³. na³⁵
的 周城 家 走 来 做 主（语助）把（助）送 给 他 做 他领格 妻 （语助）

tsu³⁵ tsʅ⁵⁵ pɯ⁵⁵ vɤ³³ ta⁴⁴tso⁴⁴ na³⁵ ta⁵⁵ɲa⁴²na⁴⁴ tsʅ⁵⁵ we⁴² zue⁵⁵zi⁵⁵, tsʅ⁵⁵ pɯ⁵⁵ vɤ³³
在 做 他领格 妻 当中 （语助）大娘娘 （语助）为 愿意 做 他领格 妻

ɲi⁵⁵ kʰɔ³¹zi³¹ zi⁵⁵sʅ⁴⁴ sua⁴⁴, ta⁵⁵ɲa⁴²na⁴⁴ tu³¹ɲi³¹ nu⁵⁵ sua⁴⁴, pɔ³¹ zi⁵⁵sʅ⁴⁴ we⁵⁵ miu⁴²
个 可以 意思 说 但是 二娘娘 这个 （语助）说 他 意思 为 民

tsʰɤ⁴² xe⁵⁵ we⁴⁴ pe⁴⁴ɕɛ⁴⁴ ɲi²¹ na³³ le²¹ tsʅ⁴⁴ ka⁴⁴ xɯ⁵⁵ ma³¹se⁴² tu²¹ ɕa⁴⁴ xɯ⁵⁵, ka⁴⁴ ŋa⁵⁵
除 害 为 百姓 个 这样 个（助）把（助）蟒蛇 条 杀（体助）把 我们

ko³³ ɲi²¹ li⁵⁵, tsʅ⁵⁵ ma³³se⁴² vɤ³³ mu⁴⁴ sa⁴⁴ ta³⁵tɕo⁵⁵ tɕʰi⁴⁴zɯ³⁵ tu³¹le²¹ lu⁴⁴ ka³¹ɣɯ⁴⁴, ka⁴⁴ ŋɤ⁵⁵
两 个 也 做 蟒蛇 妻 不 （助） 搭救 出来 这个 是 感恩 把 我

so³³ kɔ⁴⁴, kɯ⁴⁴ ŋɤ³¹ tsʅ⁵⁵ pɯ⁵⁵ vɤ³³ tsʅ⁵⁵, pɔ³¹ sɤ³⁵zy⁴² tɕʰu⁴²zi⁵⁵ ka³¹tɕʰu⁴² xɔ⁵⁵, sua⁴⁴
送 给 他 让 我 做 他领格 妻 （语助）它 属于 情义 感情 （助）说

ka³¹ɣɯ⁴⁴ ka³¹tɕʰu⁴² tsu³³ pu³⁵ nu⁴² xue⁵⁵we⁴² zi³⁵tʰa⁴². zɔ³⁵, xɯ⁵⁵ nu⁵⁵ tsʅ⁵⁵tsɛ²¹ xɔ³¹ sua⁴⁴,
感恩 感情 是 不 能 混为 一谈 （语助）然后 （助）周城 家 说

nɔ³¹ tsʅ⁵⁵ li⁵⁵ tsʅ⁵⁵ pɯ³¹ tsʅ⁵⁵ li⁵⁵ tsʅ⁵⁵, xɯ⁵⁵ nu⁵⁵ tso⁴⁴ tu⁴⁴ pɔ³¹ xɔ³¹ɕa⁵⁵ so³³liɔ⁴²
你 做 也 做 不 做 也 做 然后 （语助）戴 得 她 好像 手镯

fɤ⁴⁴ lɔ⁴⁴ mi⁴², zɔ³⁵, tɕe⁴⁴tsue³³ nɔ⁴⁴ tɕo⁴⁴ tu⁵⁵tsʰɔ⁴²sue³¹ tsʅ⁵⁵ tu⁵⁵tsʰɔ⁴²sue³¹ vɤ³³
副 （语助）（语助）（语助）坚决 要 让 杜朝选 做 杜朝选 妻

tu⁵⁵ zi³⁵ tso³³ na³⁵ su⁴⁴ tsu³³ xɔ⁴⁴ɕa⁵⁵ pu³⁵ zue⁵⁵zi⁵⁵ nɔ⁴⁴ tɕʰu⁴²kʰua⁵⁵ na⁵⁵ tu³¹ tʰa⁵⁵ tsʅ⁴⁴
这 一 种 （语助）就 是 好像 不 愿意 的 情况 （语助）这 段 （助）

ɕy⁴⁴ tu⁴¹ ta⁵⁵na¹²na¹¹ tsu³³ a³¹ le³⁵ mu³³, ɛ⁵⁵na⁴⁴ɲa⁴⁴ tsu³³ ta⁴⁴tsʅ⁵⁵ su³³ le²¹ tso²¹ xu⁴⁴ pɯ³¹lɔ²¹
塑 得 大娘娘 是 一个 也 没有 二娘娘 是 当作 手 个 藏起 那个

lu⁴⁴ sɤ³⁵tsʅ⁵⁵sa⁵⁵, tso⁴⁴ tu⁴⁴ pɔ³¹ so³³liɔ⁴² fɤ⁴⁴ tsu³³, nɔ³¹ tsʅ⁵⁵ ɲi⁵⁵ tso³³ pɯ³¹ tsʅ⁵⁵ ɲi⁵⁵ tso³³,
（助）实质上 戴 给 她 手镯 副 是 你 做 也 是 不 做 也 是

pi³⁵ɕy⁴⁴ tsʅ⁵⁵ pɯ⁵⁵ vɤ³³, tu⁵⁵ zi³⁵ tso³¹ nɔ⁴⁴ ɕɯ⁴²sɿ⁵⁵ na³⁵.
必须 做 他领格 妻 这 一 种 的 形式 （语助）

第二，那大娘娘和二娘娘，周城人做主把（她们）送给他（杜朝选）做妻子。在这过程中，大娘娘是愿意的，说可以做他的妻子，但是这二娘娘说，他为民除害，为百姓把蟒蛇杀了，把我们两个也搭救出来，这是感恩，把我送给他，让我做他老婆，这是感情，感恩和感情是不能混为一谈的。周城人说，你做也得做，不做也得做，然后就给她戴了副手镣，一定要让她做杜朝选的妻子。（因为这样），现在，大娘娘的塑像没什么异常，二娘娘的手（却是）藏起来的，实际上是被戴了手镣，就是强迫二娘娘做他妻子。

sue⁵⁵xo⁵⁵ tsɯ³³ xɛ³¹le²¹ ɲi⁵⁵ sɯ⁴⁴ tsɯ³³, su⁴⁴ ɕi⁴⁴ʑɯ³⁵ sɯ⁴⁴ tsɯ³³ xɛ³¹le²¹ ɲi⁵⁵ sɯ⁴⁴ tsɯ³³,
最后　是　什么（语助）就　是　塑　出来　就　有　什么（语助）就　是

ka⁴⁴ pɯ³¹ ɲi²¹ sʅ⁵⁵ we⁴² tsʅ⁵⁵ pɯ³¹tsɤ³¹, zɤ³⁵. sʅ⁵⁵ we⁴² pɯ³¹tsɤ³¹ na³⁵, tsue⁵⁵xo⁵⁵ na³⁵ tso⁴⁴tsʰɯ⁴²
把　那　个　竖　为　做　本主（语助）竖　为　本主　（语助）最后（语助）周城

tsʰʅ⁴⁴ʑɯ³⁵ lia³¹ ko⁵⁵ pɯ³¹tsɤ³¹ na³⁵ tsʅ⁵⁵mɯ⁵⁵tɔ²¹, ɲi⁵⁵, zɤ³⁵ tsʅ⁵⁵mɯ⁵⁵tɔ²¹ ɲi⁵⁵ tsɯ³³?
出来　两　个　本主（语助）怎么办　（语助）（语助）怎么办　（语助）是

ʑɯ⁴⁴we⁵⁵ tsɯ³³ n̥a⁵⁵ no⁴⁴ so³³ tu⁴⁴ tsʅ⁴⁴ wa⁵⁵ ɲi²¹ tsʅ⁵⁵mɯ⁵⁵ sua⁴⁴, sʅ⁵⁵ tɕa²¹ za³¹
因为　是　咱们的　养　得　儿子　几　个　怎么　说　四　家　养

ma³¹ so⁵⁵ na³⁵, a⁵⁵ we³³ tɕɯ⁴⁴ ɕo³⁵ pe³² we⁴² tu⁵⁵ zi³⁵ ɕe⁴⁴ na³⁵ sɯ⁴⁴, n̥a⁵⁵ tse²¹ ka⁴⁴ sʅ³⁵
马　瘦（语助）哪里　敬　香　拜　佛　这　一　些（语助）就　咱们要是　把　识

tʰa³³ xɯ⁵⁵. zo³⁵, na³⁵ tsɯ³³ na³³ le²¹ ɲi⁵⁵ sɯ⁴⁴ fu⁴⁴ xɯ⁴⁴ n̥a³³ fu⁴⁴, tsɯ³³ xɯ⁵⁵ xɯ³¹
漏　了　（语助）（语助）有　这样个　也　就　分（体助）这样分　在　于　很

tso³³ zi³¹tɕʰɛ⁴² sɯ⁴⁴ na³³ le²¹ ɲi⁵⁵, ta⁵⁵ ɕɯ⁵⁵ tsʅ⁵⁵ ɕe⁴⁴, na³⁵ pe⁴⁴ tsʅ²¹ tsʅ⁵⁵mɯ³⁵la⁴²ka⁴⁴
早　以前　就　这样个　也　大　姓　这　一　些（语助）走　去　赵穆郎岗

ko⁴⁴ no⁴⁴ ka⁴⁴ tɕɯ⁴⁴, sɯ⁴⁴ tsɯ³³ su⁴⁴ tso⁴⁴wa⁴² kue⁵⁵ ɲi⁴² xo⁴² tsʰɯ⁴² fe⁵⁵, tu³¹za³³ no³
脚上（助）敬　就是　苏　周　王　桂　倪　何　陈　费　这样　的

ta⁴⁴tsʅ⁵⁵ su⁵⁵mu³⁵ le²¹ ɕo³³ tu⁴⁴ tɕɛ⁵⁵ na³⁵, pe⁴⁴ ko⁵⁵fu⁵⁵ pɯ³¹ɲi²¹, zo³⁵ vy²¹zʅ³³ pɯ³¹ ɲi²¹ ɔ⁴²
当作　数目　个　少　得　点（语助）走　供奉　那个（语助）服侍　那个（语助）

me⁴² ɕo³⁵ xue³³. na³⁵ tsɯ³³ zo⁴²tsʰʅ³¹ tɕa³³ le²¹ tsʅ⁴⁴ zi⁵⁵xo⁵⁵ na³⁵ tsɯ³³ xɛ³¹le²¹ ɲi⁵⁵,
（语助）香火　（语助）是　由此　这样个（助）以后（语助）有　什么（语助）

ɕɯ⁴²tsʰɯ⁴² tu⁵⁵tsʰo⁵⁴²sue³¹ no⁴⁴ zo⁴²le⁴², ɛ⁴²tɕʰɛ³¹ ɕy⁴⁴ tsʅ⁵⁵ pɯ³¹tsɤ³¹ no⁴⁴ zue⁴²ʑɯ⁴⁴, na³⁵ sɯ⁴⁴
形成　杜朝选　的　由来　而且　塑　作　本主　的　原因（语助）就

tɯ⁵⁵ zi³⁵ tɕɛ⁴² ɕɔ³¹ ku⁵⁵sʅ⁵⁵.
这 一 点 小 故事

把那位（杜朝选）立为本主呢，周城就有了两个本主，那该怎么办呢？咱们生了儿子什么的，去哪里敬香拜佛呢？话说"四家养马瘦"，咱们要是漏了什么（怎么办）？（因为这样）所以就分了一下，在很早以前就这样（分）了，（村里的）大姓，就去赵穆郎岗那里敬香火，苏、周、王、桂、倪、何、陈、费，这些人口少些的姓，就去供奉那位（杜朝选），服侍他香火。这就是杜朝选的由来和把他塑作本主的原因，就（是）这个小故事。

调查手记

2016年1月,"中国语言文化典藏·云南大理白语"课题立项。寒假期间,在北京语言大学的培训结束后,我马上回到大理准备开展工作。机缘巧合,我再次见到了两年前在昆明有过一面之缘的杨晓霞。晓霞当时在大理州白族文化研究所工作,也许是因为年龄相仿,专业相近,我俩十分投缘。我于是邀请晓霞一起合作完成课题,晓霞当即爽快地答应了。有了同路人,我们信心满满地出发了。

蝴蝶泉边的周城

课题立项后面临的第一个问题就是选点。当时我的内心有三个选项:赵庄、喜洲和周城。

赵庄是我出生、长大的村子,洱海南岸最大的白族村。这里原本是从事传统农耕的自然村,因位于大理州的州府所在地下关,20多年后的今天,赵庄已经成为洱海南岸最大的城中村。外来人口大量涌入、族际通婚,加上文化教育观念的转变,20世纪90年代末以后出生的很多孩子,从小都被教授汉语。一些白族的文化传统虽然仍被传承,但已在现代化进程中发生了很大的变化。

第二个是喜洲。从语言的角度上说,白语分为三大方言,其中南部大理方言的代表音点就是喜洲话。喜洲镇位于大理市北部,隋唐时期称为"大厘城",南诏时期的"十赕"之一。喜洲历史文化悠久,近代工商业发达。20世纪40年代末,喜洲商帮闻名东南亚。近几十年来,

10-1 ◆ 作者杨晓霞在村里调查

随着旅游经济的发展，喜洲成为大理市境内商业气息最浓厚的地区之一。正因为如此，虽然喜洲镇是白族聚居地，且是白语南部方言的代表点，但受汉族语言文化影响也极深，似乎也不是一个理想的选点。

喜洲往北5公里的周城位于洱海西岸，苍山云弄峰下，著名的蝴蝶泉景区就在周城村北。周城是喜洲镇卜辖的自然村，也是大理市境内人口最多的白族聚居村，常住人口一万左右，且99%以上（2016年统计）的人口为白族。白族传统的风俗文化都被较好地保持着。周城村周围有白族、回族聚居村，因这一地区回族的第一语言也多为白语，所以白语不论是在周城村内部，或是在周城与附近村寨之间，都是通用语。周城村家庭中的母语传承较好。在与王锋老师讨论过后，我们最终选择了蝴蝶泉边的周城作为我们的语言文化代表点。

由于受到喜洲商业氛围的熏染，周城也曾出现过一些小的商帮。手工业和商业也有一定的发展。除了农耕，这里还有传统的手工艺——扎染。村里几乎家家会扎染。20世纪90年代以后，随着旅游经济的发展，一些家庭作坊式的民族手工艺体验坊也纷纷出现，周城被称为"扎染村"。但是相比有着悠久的商业传统的喜洲，这里更加自然纯朴。

我们每次进周城村，都住在杨月香大姐家开的"书苑客栈"。杨大姐四十多岁，是土生土长的周城人，嫁在本村。对村里各种情况都很熟悉，只要我们询问，杨大姐都会全心全意地提供帮助，在村里帮我们介绍发音人、寻找合适的录音场地、去娘家的阁楼里翻出几十年前的肚兜给我们拍照，甚至做我们的摄影"模特儿"……我们常常背着相机在村里的小巷中穿行，遇到店铺中陈列的一些传统手工艺品，想拍照，但无意购买的时候，常常直接问老板可否从橱窗中取出让我们拍张照，老板大多会带着腼腆而善意的微笑，毫不吝啬地取出来供我们拍照，毫不介意我们为了拍摄效果，从各种角度摆弄这些工艺品。这里的民风之纯朴可见一斑。

传统与开放之间

周城村口有传统白族村寨的标志——大青树。大青树下是村民日常聚集聊天儿的地方，后来逐渐成为商贩聚集的小集市。除了集市，大青树附近还有门楼、戏台。村中最隆重的两个节日——本主节和火把节都会在这里举行活动。正月的本主节里，年轻男子把本主的神像用轿子抬到门楼上，面向戏台。请来的戏班在戏台上唱戏，村民们在戏台和大青树中间，与门楼上的本主神像一同看戏。农历六月火把节的大火把就竖在大青树和戏台中间偏北的位置，大火把竖起来以后，盛装的青年男女会在大青树和戏台之间的空地上舞龙、打霸王鞭。

周城村中的民居大多背山面海而建，且多是传统的白族独家院、三合院或四合院。房屋大门最为讲究，"三滴水"式的重檐、精美的雕花，再加上大门两侧和外墙的水墨山水和古诗词的彩画，"青瓦白墙淡墨画"，一看便知是白族特色的传统民居。家家院子里都会种上各种花草。村中巷道有的是石子路，有的是青石板铺就。近年来一些新建的住房，虽然采用砖混结构，但门、窗、外墙仍多采用传统的建造方式，在砖混结构的屋顶上，还会有一圈瓦檐，院子里的花草自然是不能少的，新式的白族民居就是传统与现代的结合。

在村里走一走，你会发现，在村里的各种店铺、诊所、邮局，人人都在说白族话。村中40岁以上的中老年妇女，在日常生产生活中，十有八九都穿着带有各种精美刺绣图案的白族服装,这在大理市境内已不多见。但在"传统"之中也有变通,如服饰的材质已不再局限于传统的单色(蓝、红、黑)土布,印着鲜艳花朵的金丝绒布料更受妇女们青睐。为了便于日常穿着,传统的长度过膝的围裙和后襟也缩短至大腿根部。包头右侧的"飘穗"从传统的肩部以上延长至肘弯。比起过去女性传统服装的端庄大方,现代的民族服装穿起来既干练又飘逸。

这样的传统与开放甚至反映在一些看似严格禁忌的事件中,让我印象深刻。

在我出生的那个白族村庄里,我曾试图用相机拍摄庙里的神像,结果被老人们严厉喝止了,他们认为拍照是对庄严神圣的神灵的冒犯。而在周城,我们背着相机、摄像机等"长枪短炮"出入各个寺庙拍摄神像及各种宗教仪式,并没有遇到太多麻烦。当其他课题组在为如何取得主人家的同意拍摄丧葬仪式而一筹莫展的时候,晓霞却能够在苏泗大哥的帮助下顺利地拍摄到三家的葬礼,可见这里的开放与包容。

但是有一次,我们在龙泉寺的关羽殿前准备拍摄一场洞经会,却被禁止进入大殿内。我疑惑地问身边一位陌生的摄影师,才知道,在仪式进行中,女性不允许进入大殿内。在后来的调查中,我渐渐了解到:洱海周边的一些白族村落里,承担着传统文化传承的似乎都是老年人。妇女到一定的年龄,会加入莲池会,吃斋礼佛烧香。莲池会负责村中日常的一些供奉祭祀活动。而老年男子,则会加入洞经会,加入洞经会的男子大多都能演奏一两种洞经音乐中的乐器,在一些会期的宗教活动中演奏洞经。传统上,莲池会与洞经会的性别区分明显。所以,在很多洞经会的活动中,女性是被禁止参与的。但是2001年,周城村的洞经会竟然接纳了几位女性成员。据说是因为大理古城附近的一些村庄里的洞经会开始有女性成员了,这种新趋势也影响到了周城。

在周城,村子西面最高处从南到北共有三座寺庙——景帝庙、龙泉寺和灵帝庙。三座寺庙里供奉着本主、孔子、释迦牟尼、太上老君、观音、关羽、财神、魁神等各路神仙。位于正中的龙泉寺大门前的匾额上有"三教同源"的字样,充分说明了白族文化多元合流、兼容并包的特质。

10-2 ◆杨庆志老师向作者介绍民间故事

遗失的歌谣

2016年1月立项之后，我们利用寒假，围绕周城村进行踩点。大理电视台的周城姑娘杨万情帮我们请到她的小学老师——周城村的杨毓昆老师（1948年生）帮助我们梳理词条、记录基本词汇、整理音系。在这个过程中，我们也曾尝试过向杨老师和客栈杨大姐询问一些歌谣、俗语、谚语等，但所得仅有只言片语。2016年7月，我们在摄录一些文化词条的同时开始集中搜集整理口头文化部分的材料。

回看调查笔记："2016年7月21日，与小尹、陈萍拜访周城村杨秀原奶奶，83岁的奶奶已无法回忆起童谣、俗语一类的材料，杨秀原的母亲也表示不太清楚。""中午饭后去陈萍的同学家，70多岁的爷爷奶奶能够回忆起的童谣也极少，且很多是片段，感觉这部分是调查的难点，有些沮丧，返回下关。"在整个调查过程中，我和陈萍（喜洲白族）、小尹（洱源白族）本身是母语人，都说白语南部方言。我自己在此前调查母语的过程中已搜集了一些歌谣、谚语、谜语。在老人们想不起来的时候，我们尝试用我们母语中的歌谣、谚语询问他们是否有同样的表达。老人们却大多表示没有。我们完全没有料到在歌谣、俗谚方面，同一个方言内部差别竟如此之大。问到带孙子孙女的时候唱的那些童谣还记不记得，大多也只记得片段。老人们说："我们的孙子孙女都大了，他们小时候（我们）会说这些，现在都不记得了。"之后，万情姑娘开始帮助我们寻找五六十岁的老年女性，我们认为她们更年轻一些，会记得更多，而且五六十岁大多应该是含饴弄孙的年龄，多半会用到。结果又一次出乎我们意料，她们中的大部分人只能想起自己童年时代唱过的部分童谣的片段，她们说："现在的孩子们都看电视、玩手机，我们带孙子也都不说这些了。"

正在我们一筹莫展之际，万情给我们介绍的杨庆志老师向我们提供了帮助，杨老师是周城人，喜洲镇桃源小学的老师。杨老师从教育系统退休后回到周城居住，日常喜欢看书、习字，还爱好搜集白族民间的口头文化，用汉字记录了一些民间故事、俗语、谚语。

杨老师翻出他日常记录的笔记，给我们提供了很多宝贵的资料。之后，我们在本主庙里遇到了杨品兰大姐，大姐四十多岁，性格活泼开朗，仍记得自己小时候唱过的童谣。在杨老师和杨大姐的帮助下，加上访问了很多位中老年人把一些片段拼凑完整，至此，我们的口头文化部分的调查才得以完成。

在这个过程中，我们深刻地感受到，比起日常生活中的语言，这些有着深刻民族文化内涵的东西，常常在不经意间更快地遗失了。所幸白族民间有许多像杨老师这样热爱白族文化的有心人，他们一直在为我们民族文化的传承和保护默默地工作着。

寻找"理想的发音人"

在前期的文化条目调查摄录大体完成以后，我们准备进行词条发音的摄录。我们需要找到一个较为"理想的发音人"。周城村的白语传承情况极好，白语是村寨内部和周围村寨之间的通用语。可以说，村里每一个成年人都是熟练的母语人，而且周城村常住人口一万人左右。

10-3 ◆杨品兰大姐吟唱白族童谣

这里的人不保守，愿意与外人交流。在这样的情况下，我们觉得，寻找一个理想的发音人应该不难。我们的基本条件是：60岁以上，男性，母语熟练，发音清晰，无长期外出经历。同时还要考虑到外形、发音人意愿等问题。实际上，从2016年正式调查开始，我们通过客栈杨大姐、万情姑娘、小尹、陈萍，接触过多位满足基本条件的老年男性。他们都很乐意支持我们的工作。

作为会说母语，并且研究母语的人，我对发音人的发音情况可能更为敏感一些。周城离喜洲（白语南部方言代表音点）的距离只有5公里，周城白语也属白语南部方言，但周城白语与喜洲白语在语音上的差别却非常明显。喜洲话里的卷舌元音周城并没有。周城白语里舌尖中辅音与[i]相拼时的腭化变读，在喜洲也没有。但是只要是在喜洲镇附近工作或做生意的人，多少会受到喜洲白语的影响。这显然不是理想的发音人。

然而，这并不是最让我们头疼的问题。在寻找发音人的过程中，我们遇到的最大的问题其实是汉语对周城白语的影响。从语言学的角度来看，白语千年来深受汉语的影响，白语和汉语的关系问题至今仍是语言学界的难题。但抛开历史渊源不论，现代白语与现代汉语语音、词汇、语法上的差异是毋庸置疑的。然而，随着经济、文化的发展，现代汉语对现代白语的影响也十分显著。

10-4 ◆发音人杨彪大爹、段来凤大妈和小孙子参加调查后合影

　　从我18岁离家求学时开始，我的白语似乎已经停止变化了。可能是所学专业的关系，每年寒暑假回到家乡，我都会惊异于村里的哥哥姐姐、叔叔阿姨们所说的白语中汉语的成分竟然越来越多，和他们比起来，我的白语显得更为"保守"。但是周城，我觉得周城会不同，当我走在周城的集市巷道，我听到的是亲切得如同我的奶奶辈的语言。像周城这样大的白族聚居村落，白语的传承非常稳定，但即便是这样，现代汉语对这里的白语也产生了深刻的影响。这种影响不局限于词汇层面的大量借用。在寻找发音人时，我们都使用白语和发音人交流，首先会尝试询问一些白语词汇，几乎大部分老年男性都会熟练地说出地道的白语词汇。但当我们问到可否给我们讲一个本地的传说或故事的时候，他们很快就表现出话语层面受到的汉语的影响。这种影响跨越了零散词汇的层面，且与受教育程度关系并不太大。一旦将零散词汇组织成句子，汉语的影响就凸显出来，一些句式的使用，句子的衔接手段，都非常偏"汉语式"。甚至是简单的白语词在这样的话语中也会直接被汉语词取代。这种现象在男性的长篇话语中尤其突出。这样的语言接触影响让我非常震惊，而我们现在所做的工作，也正因为如此，才意义更加深远。

　　在经历了一番波折之后，我们最终找到了周城村老年协会会长杨彪大爹做我们的发音人。同时，为了更好地呈现周城白语的本来面貌，在长篇话语的摄录中，我们又选择了一位女性发音人。

10-5 ◆ 作者赵燕珍向杨庆志老师调查俗语、谚语

结语：我们都是文化的"他者"

我和晓霞都是语言学专业出身，加上我俩都是所谓本民族的"文化持有者"。对于白族语言文化的研究，我们似乎不必担心会走入一种阐述"他异"文化的困境之中。所以课题立项后，我们更多的是担心一些摄录技术方面的困难。但随着调查工作的深入，我们发现我们可能处在更大的困境中。

我们前期的工作重点一直是语言学的田野调查。我的母语与周城白语非常接近，在村里与老人们攀谈时，甚至有人问我是村里哪家的姑娘。可是即便如此，仍然有差别。最大的差异在于周城白语有8个调，而我的母语只有6个调。周城的33调和31调，在我的母语里合为一个33调，周城的32调，在我的母语中大多对应44调。这样的差异在我们记录基本词汇归纳音系的过程中已经认识清楚了。但是，在记录一些文化词条和转写长篇语料的过程中，我仍旧会不自觉地受到自己母语的影响。我尝试把我记为33调的音节一个一个重复辨听，还是无法在长篇语料的转写中做到百分之百正确。作为一个接受过语言学专业训练的人，我对此一度十分懊恼。2018年秋，我在昆明和恩师戴庆厦先生谈起这个问题时，老先生说："我虽然记了不少音，但有时也不能完全避免母语的干扰……所以绝不能固执。母语人在记录本民族其他方言时，有其优势，但也有其母语干扰的弱势。"后来，我们的部分材料请专攻实验语音学的刘增慧博士做了分析，所有材料又由晓霞和通晓白文的周城姑娘万情再次核对，以保证语料的准确性。问题虽然基本解决了，但我一直在思考，洪堡特说过："每一种语言都在它所隶属的民族周围设下一道樊篱，一个人只有跨过另一种语言的樊篱进入其内，才有可能摆脱母语樊篱的约束。"（威廉·冯·洪堡特：《论人类语言结构的差异及其对人类精神发展的影响》，姚小平译，商务印书馆，1999年，第72页）我们究竟如何才能跨过这道樊篱呢？或许更多的时候，我们首先要做的是承认它的存在。

在我们完成了语言学的田野调查，用各种"长枪短炮"记录了"文化事实"后，对这些"文化事实"的解释才是更大的挑战。在对文化词条进行解释时，对一些早已习以为常的概念，我们有时会不假思索地加以使用。比如我们会不加解释地在词条的文案中使用"坊"和"三滴水"这样的词语。然而，我们习以为常的这些东西，恰恰是我们需要进行解释的白族文化的内容。人们通常认为，本民族的"文化持有者"应该是最能够详细地阐述本族文化的人，然而，现实的情况却是，所谓的"文化持有者"可能会因为缺乏一种"他者"的视角而陷入一种文化感知的困境中，由此阻碍了对本族文化进行阐述，进而遮蔽了本族文化的某些特征。在对本族文化进行研究的过程中，我们常常需要跳出本族人的视角，用一种"他者"的眼光来看待我们的文化。

参考文献

艾磊（Bryan Allen）著，张霞译 2004《白语方言研究》，云南民族出版社。

宾慧中 2006《中国白族传统合院民居营建技艺研究》，同济大学博士学位论文。

大理白族自治州地方志编纂委员会 1998《大理白族自治州志》，云南人民出版社。

大理市志编纂委员会编纂 2015《大理市志 1978—2005》，云南人民出版社。

董迎春 2007《大理周城：中国最大的白族聚居村落》，云南大学出版社。

郝翔、朱炳祥、钟青林、赵勤、段晓云主编 2001《周城文化——中国白族名村的田野调查》，中央民族大学出版社。

李正清 1998《大理喜洲文化史考》，云南民族出版社。

杨世钰、赵寅松主编 2015《大理丛书·建筑篇》，云南民族出版社。

杨育新 2000《大理喜洲风物》，云南美术出版社。

杨政业 1994《白族本主文化》，云南人民出版社。

赵勤 1994《大理周城风物录》，德宏民族出版社。

赵勤 2015《大理喜洲白族民居建筑群》，云南人民出版社。

索引

1. 索引收录本书"壹"至"捌"部分的所有条目，按条目音序排列。"玖"里的内容不收入索引。
2. 每条索引后面的数字为条目所在正文的页码。

A

安床	220
安龙谢土	48
案子	66

B

八宝饭	107
八卦图	204
八角鼓（之一）	37
八角鼓（之二）	193
八仙桌	65
八字墙	31
粑粑	109
拔河	186
霸王鞭	193
掰手腕	186
白花豆米汤	120
拜送子观音	231
拜天地	226
板瓦	25
包头	93
包粽子	258
剥玉米针	145
背本主	251
背孩子的背篓	75
背架	149
背篓	142
背书背砚	252
北本主庙	200
畚箕	77
绷子	160
比甲	85
编草帽	153
编箩筐	152
扁担	140
簸	138
簸箕	61
布凉鞋	95

C

财神	98
裁缝铺	155
彩画	36
彩条幅	79
菜园篱笆	32
草墩	69

草锅盖	60	窗户	30
草帽	92	吹打	221
草席	63	吹火筒	54
草枕头	238	吹树叶	192
侧房	18	戳花	160
插柳	254	村庄	34
插香瓶	37		
插绣	161	**D**	
插秧	136	打豆子	138
茶几	67	打拼伙	181
茶具	180	打土墙	45
茶叶	114	打陀螺	189
拆布	161	打围	188
钗子	97	打银	175
柴刀	143	打鱼人	171
长凳	68	打子绣	162
长命锁	232	大裆裤	86
长衣	84	大黑天神	195
唱大本曲	194	大门	30
唱戏	253	大篾箩	141
朝斗	208	大青树下	183
炒蚕豆	129	大石臼	59
炒豆米	122	大院心	20
炒蕨菜	126	代销店	169
吃素	249	荡秋千	191
吃鱼饭	230	稻草人	137
抽旱烟	180	点大香	248
臭豆腐	112	点豆桩	148
出白	241	吊丧	239
出殡	241	顶牛	187
出街	228	钉镜筛	228
厨房	22	丢沙包	190
锄	141	丢手绢	185
锄瓦	25	动土	45
畜圈	39	冻肉	128
穿枋	35	冻鱼	128

洞经	209
斗	224
斗鸡	187
豆瓣酱	119
豆豉	119
豆米汤圆	112
豆面饼	110
豆面糕	111
独凳	69
杜朝选	197
对歌	257
对联	249
碓坊	41
炖梅	116

E

耳房	20
耳环	97
饵块	111
饵块模子	58
饵丝	108
二楼的窗	32
二门	31

F

发面盆	61
发簪	96
翻绳	189
方桌	65
放牧	171
放生泥鳅	206
坟墓	243
风车	147
风箱	56
封檐	24
拂尘	206

G

盖布	75
干蚕豆	125
干木瓜	124
干豌豆粉皮	123
干香椿	125
干腌菜	124
杆秤	168
糕	46
疙瘩汤	107
格子门	18
耕田	134
勾头	24
狗皮衣	232
狗窝	44
挂红布	137
挂红纸	249
褂子	84
观音	196
棺材	234
柜子	77
锅	55
裹背	74
裹蓝帕	92
过家家	191

H

海簸	146
海菜汤	121
旱地	135
喝交杯酒	226
合八字	218
合龙口	49
荷包	101
红衣绿衣	223
后檐墙	29

胡同	33	接亲	220
蝴蝶会	268	接祖先	264
虎头帽	93	戒指	100
虎头鞋	95	经书	212
护腰	89	敬表	204
花床	228	敬酒	180
划拳	181	敬媒茶	219
画花样	161	镜子	79
回门	230	旧式床	62
回味茶	117	铜镯子	155
茴香汤	255	卷棚	29
会期	270		
绘图制版	158	**K**	
火把	262	开光	49
火炉	73	开垄	135
火盆	73	烤茶	116
火扇	57	磕头	202
		刻石	151
J		口水兜	88
鸡笼	39	哭丧	240
鸡窝	38	苦茶	117
集市	183	裤子	86
祭拜	255	筷筒	59
祭海神	207	魁神	198
祭火把	261	魁星阁	201
祭梁	47		
祭文	238	**L**	
祭月	266	拉网	170
祭嶂	239	腊肉	126
祭祖花	265	老鹰捉小鸡	185
甲马	209	冷水饭	265
煎炸	110	犁	145
笕	42	理发	154
轿子	76	连枷	144
接本主	251	莲花灯	210
接馒头	48	莲花帽	90

脸盆架	70	篾提篮	75
凉虾	112	篾笊篱	57
梁衣	46	篾桌	66
晾晒	159	抹雄黄	259
灵堂	234	磨	43
灵位	237	木板墙	26
菱角	118	木槽	76
龙王	199	木瓜酒	115
楼梯	36	木臼	58
路祭	242	木盆	71
罗锅	54	木瓢	57
萝卜干	126	木勺	57
箩筐	140	木桶	56
		木箱子	74
		木鱼	210

M

麻子	119
马车	143
马灯	72
麦面疙瘩	109
麦芽糖	114
馒头	106
茅草鞋	94
茅厕	39
梅子酒	115
门墩	31
门槛	30
门楼	44
门神	205
焖南瓜洋芋	129
米饭	106
米干	210
米花	117
米花糖	115
米线	108
面酱	119
篾斗笠	93

N

男士布鞋	95
男士衬衣	85
南本土庙	200
泥鳅汤	122
念经	203
酿酒	175
掉花	237
糯米饼	110
糯米饭	106

O

沤肥	137

P

耙子	142
牌坊	41
盘发	229
泡橄榄	119
泡梨	118

泡萝卜	126	三月街	267
泡木瓜	118	三月三	267
陪郎	223	厦扣	25
陪娘	222	厦台	22
屁帘	88	厦屋面	23
飘带	89	筛	139
平绣	162	筛子	146
蒲团	69	晒簟	147
		晒鱼场	174
Q		山墙	29
前进帽	91	山神土地	199
前檐廊	24	衫穗	99
桥	42	衫子	87
翘花	162	上刀山	269
翘头鞋	95	上坟	254
青菜汤	121	上庙	201
请柬	235	烧包	264
磬	212	烧火把	262
取名	233	蛇骨链	98
取名纸	232	升斗	263
		生菜	227
R		生肉	127
染布	159	绳架	149
染坊	160	狮子	37
染指甲	260	石板路	32
绕灵	240	石槽	76
绕三灵	269	石臼	58
乳饼	113	石墙	26
乳扇	113	石锁	78
		石头路	33
S		石子棋	184
撒白钱	240	释迦牟尼佛	197
赛马	268	收稻子	136
三合院	16	收玉米	139
三连冠	236	守灵	236
三弦	193	守灵粥	238

寿帽	235	陶罐	60
寿鞋	235	踢毽子	190
寿衣	235	提梁	47
梳辫子	182	甜茶	117
梳髻	182	挑花	162
梳头	221	跳皮筋	188
梳妆台	78	亭子	40
束腰带	87	通信束	219
竖火把	260	铜盆	71
刷锅帚	57	头花	224
耍龙	253	头帕	93
水车	144	头绳	96
水洞	35	土八碗	127
水缸	73	土墙	27
水井	40	土碗	58
水田	134	土瓮	55
水腌菜	125	土砖墙	27
四合院	16	推板	145
送火把根	263	推铁环	188
酸辣鱼	122	托盘	78
蓑衣	89	脱孝	242
蓑衣褂	88	驮架	148
索扣	147		
唢呐	192	**W**	
		娃娃轿	69
T		瓦房	17
塔	44	瓦猫	205
抬本主	250	瓦腰	28
抬秧担	257	豌豆粉	113
太师椅	67	碗柜	59
太阳膏	270	碗筷篓	61
泰山石	207	围裙	86
摊位	169	围裙带	87
汤饭	238	围裙带头	87
堂屋	19	苇席	64
搪瓷盆	71	文昌	196

屋顶	23

X

吸水烟	182
稀豆粉	113
洗太子	233
戏台	194
下葬	243
乡评	239
香包	101
香火盆	213
香水	211
香箱	202
项链	99
消食药	259
小格子门	21
小帽	91
小木鱼	213
小天井	21
小钟	213
孝服	236
孝巾	237
孝鞋	237
新房	227
新郎	222
新郎礼服	223
新娘	222
新娘饭	225
新娘进门	225
新式房	17
雄黄包	258
绣花包	100
绣花鞋	94
绣花鞋垫	95

Y

压箱压柜	218
烟丝	117
腌菜炒肉	121
腌菜坛子	72
腌豆腐	119
腌猪肠	128
盐茶米酒	212
檐角	22
宴客	227
秧官	257
秧旗	256
杨梅酱	118
养蜂	170
腰穗	99
摇篮	63
摇钱树	270
椅子	68
银镯子	100
引魂幡	240
引路童子	243
印花	158
迎本主	252
游花船	271
鱼篓	172
鱼筌	173
鱼尾帽	91
渔船	174
玉米饭	109
玉镯子	98
芋头秆	123
芋头秆汤	129
月饼	266

Z

杂货铺	168
灶	54
灶王爷	202
造船	167
罾	173
甑子	55
扎花	158
扎火把	261
炸乳扇	120
铡刀	143
斋菜	211
毡帽	91
掌号令	257
招牌	169
赵穆郎	196
照壁	28
照妖镜	224
针线篓	78
枕头	64
织布	157
枳	266
制坯	151
制毡	164
中堂	19
珠链	212
猪头三牲	208
猪血汤	129
竹扫帚	72
竹刷帚	58
煮汤圆	249
柱石	35
柱子	34
砖瓦窑	43
锥形渔网	172
捉迷藏	184
子孙钱	241
棕扫帚	71
族谱	205
祖图	265
祖先屋	203
祖先衣	265
嘴套	149
做坟墓	242
做木工	151
做乳扇	163
做鞋	154

后记

我们的课题选点是云南省大理州周城村,周城村是云南省最大的自然村,是全国最大的白族聚居村落,是当之无愧的中国白族名村,是一个既能传承白族传统文化又善于吸收外来优秀文化的村落。周城村堪称"白族文化的活化石",在这里能看到贯穿白族人一生的完整礼俗,也能看到伴随着经济发展对优秀文化的不断吸收。

从课题 2016 年立项,至 2018 年 7 月最终完成,这个项目的难度远远超出了我们的预期。我们曾经以为,作为土生土长的白族人,对自己本民族的语言和文化习俗都是非常熟悉的。但随着项目一步步开展,我们才发现,我们其实并不了解那些对我们来说习以为常的东西,我们是"知其然而不知其所以然"。于是,从选点、踩点到语言调查、文化词条的整理、寻找发音人到最终的摄录,我们前后进行了多次艰难的田野调查,遇到了很多未曾预料到的问题。我们最终没有放弃,最需要感谢的是父老乡亲们的支持和鼓励。

现代生活日新月异。在村落中传承传统文化的主要是一些老年人,他们才是真正的白族"文化持有者"。在村落中生活的年轻人会在老年人的指导下,参加一些传统的仪式,履行一些传统的节俗,但是大多只是民族文化活动的"被动参与者"。当我们问到某个习俗有什么特殊的意义时,他们大多会回答:"这要问老人才知道,我们都不了解了。"更年轻一些的,甚至可能只是民族文化的"旁观者"。至于那些更加专业的领域,如建筑、木雕、造船、制银等,就更加不为普通民众所了解了。

在与承担典藏项目的其他同事交流时,我和晓霞常常是被羡慕的,因为我们是所谓的"文化持有者"。然而,我却常说,除了作为本族人有限的生活经验外,我们并没有比一个外族人懂得更多。在解释文化事实的过程中,我们常常觉得自己"没文化"。在寻访专业人士,解释文化现象的过程中,我们常常被震撼,也常常感到愧疚——我们的祖先创造了如此光辉灿烂的文化，而我们竟对此一无所知！

感谢李锦芳老师和王锋老师一直以来的关怀和帮助；感谢周城村赵勤老师、周城村文化站张仕军站长；感谢扬州大学杨雪博士；感谢致力于民族语言文化搜集整理的杨庆志老师；感谢对民族文化满腔热忱的下关一中尹心洁老师；感谢为本项目提供照片的摄影家施作模老师、杨士斌老师、李维江老师、苏作栋老师、周磊老师，以及大理州白族文化研究院的张云霞老师、杨建伟老师；感谢摄影记者、丘北白族姑娘王帮旭；感谢儒雅随和的苏泗大哥、段树金大哥；感谢书苑客栈的杨大姐。感谢我们的发音人杨彪大爹，杨大爹怀着强烈的民族文化自豪感帮助我们完成了艰难的发音摄录。感谢大理电视台以传播民族文化为己任的杨万情编审。这位熟练掌握了拼音白文的周城姑娘为书稿中语言事实的核校工作提供了大量无私的帮助。

还要特别感谢商务印书馆的王丽艳编审，感谢她细致严谨的建议和热情的鼓励。

马林诺斯基曾说："如果说人贵有自知之明的话，那么，一个民族研究自己民族的人类学当然是最艰巨的，同样，这也是一个实地调查工作者的最珍贵的成就。"（费孝通：《江村经济》，北京大学出版社，2012年，第3页）从课题立项至今，我们深深感受到了这项任务的"艰巨"，但远未获得"成就"。如果说有什么收获的话，那么应该是——我们在艰苦的田野工作中，在对本民族文化的不断研究中，接受了本族文化的教育。对我们而言，这也许才是最为珍贵的吧！

由于个人能力所限，我们留下了很多缺憾。对我们来说，这个项目远未完成，民族语言文化的传承保护，我们将一直在路上……

图书在版编目（CIP）数据

中国语言文化典藏.大理白语/曹志耘，王莉宁，李锦芳主编；
赵燕珍，杨晓霞著.—北京：商务印书馆，2022
ISBN 978-7-100-21415-5

Ⅰ.①中⋯ Ⅱ.①曹⋯②王⋯③李⋯④赵⋯⑤杨⋯
Ⅲ.①白语—研究—大理白族自治州 Ⅳ.① H17

中国版本图书馆CIP数据核字（2022）第117712号

权利保留，侵权必究。

中国语言文化典藏·大理白语

曹志耘　王莉宁　李锦芳　主编
赵燕珍　杨晓霞　著

商务印书馆出版
（北京王府井大街36号　邮政编码100710）
商务印书馆发行
南京爱德印刷有限公司印刷
ISBN 978-7-100-21415-5

2022年9月第1版
2022年9月第1次印刷
开本：787×1092　1/16
印张：21¾

定价：280.00元